JN206706

ITサービスのためのアジャイル

OSSを用いた開発・運用の自動化

片岡雅憲・小原由紀夫・光藤昭男 著
日本プロジェクトマネジメント協会 編

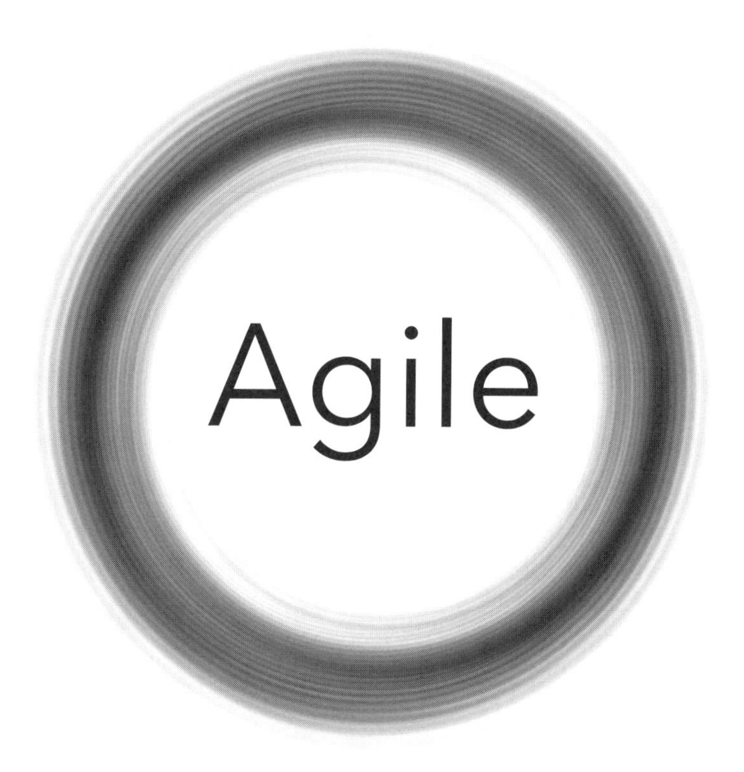

近代科学社

◆ 読者の皆さまへ ◆

平素より，小社の出版物をご愛読くださいまして，まことに有り難うございます．
㈱近代科学社は1959年の創立以来，微力ながら出版の立場から科学・工学の発展に寄与すべく尽力してきております．それも，ひとえに皆さまの温かいご支援があってのものと存じ，ここに衷心より御礼申し上げます．
なお，小社では，全出版物に対してHCD（人間中心設計）のコンセプトに基づき，そのユーザビリティを追求しております．本書を通じまして何かお気づきの事柄がございましたら，ぜひ以下の「お問合せ先」までご一報くださいますよう，お願いいたします．

お問合せ先：reader@kindaikagaku.co.jp

なお，本書の制作には，以下が各プロセスに関与いたしました：

・編集：石井沙知
・組版：DTP（InDesign）／tplot inc.
・印刷：三美印刷
・製本：三美印刷
・資材管理：三美印刷
・カバー・表紙デザイン：tplot inc. 中沢岳志
・広報宣伝・営業：山口幸治，東條風太

はじめに

アジャイル型によるシステム開発が、わが国でもいよいよ本格化してきている。最近のアジャイル開発に関するイベント数がその証しだ。著者らが2017年に上梓した『アジャイル開発への道案内』も売れ行き好調で、同書に基づいて4度開催した講習会はいずれも満席であった。これは、ウォーターフォール型では飽き足らずに、アジャイル型の開発に取り組みたいと考えているシステム開発者が増えたことを示している。

一方、講習会のアンケート結果などから、アジャイル開発の開始に当たり準備・注意すべき具体的事項を分かりやすく整理したガイドライン、開発効率を上げる開発ツールとそれらの具体的な適用方法、導入したシステムを便利に維持・運用・管理する手法やそのための具体的なツールを知りたいとの声が聞こえてきた。また、前著に掲載して好評であったアジャイル開発事例についても、適用分野をより拡大した他方面の事例も知りたいとの期待が寄せられた。

著者らもまた、前著には書き尽くせなかったことも多いと感じており、上記のような内容を中心にした書籍があれば、読者がアジャイル開発を理解しすぐに実践できるであろうと考えた。本書は、この思いを具象化したものである。

世界と比較すると、日本は意思決定とそれを実行へ移すスピードが遅い。高度成長期の成功体験からいまだに抜け出せないとの指摘も多く、さらにその事実に気づかない「茹でガエル状態」にあると酷評する人もいる。団塊の世代が日本経済を牽引する期間が長すぎた、引き継ぐべき世代の人口が急減している、ゆとり教育世代の力が不足している、などの分析や解説もある。だがこの間にも、OECD先進国はもとより、中国を先頭とする新興諸国も、新たなビジネスモデルを展開することで次々と日本を抜き去りつつある。もはや、日本がかつて成功したビジネスモデルや組織体制では新しい挑戦者には対抗できないのが明らかだ。

先行する米国から学び、日本でもビジネスそのものを変革・変態(デジタルトランスフォーメーション)させてゆくためにも、今後ますますアジャイル開発型プロジェクトが増えてゆくことが期待される。経営に直結する「動くプログラム」を生成するための方法論を、『アジャイル開発への道案内』の続編としてここに提供したい。

本書では、アジャイルをソフトウェア開発のみならず、ITサービスの開発・運用にも適用していくための考え方や、そのための様々なツール、実際の適用例などについて解説する。具体的な内容は、以下のとおりである。

第1章では、そもそもサービスとは何かということ、さらにサービス産業の特徴と課題を解説する。続いて、ITサービスの開発・運用にアジャイルを適用することの有効性について述べる。

近年では、アジャイルパラダイムは、ソフトウェアの設計・構築・開発フェーズのみならず、完成したソフトウェアを利活用する、ITサービスの開発・運用・維持フェーズまでを含めるに至った。第2章では、その2つのフェーズを対比して解説する。

さて、ITサービスにアジャイル開発を適用する場合において、自動化ツールの利用が拡大してきている。第3章では、開発段階の順序に従い、開発、テスト、プロビジョニング、システム構成、運用管理の段階ごとに、必要とされる自動化ツールを説明する。また、作業進捗を把握する管理方法と、最近利用が増えているOSS(Open Source Software)についても述べる。

開発フェーズでの頻繁な変更は避けられない。第4章では、その変更に耐える変更管理とバージョン管理に関して、事例を交えて解説する。続く第5章では、ITサービスに耐える品質を得るためのテスト技術全般について、単体テスト、機能テスト、GUIテスト、BDDテスト、システムテスト、リリーステストをそれぞれ説明する。

また、最近の技術の進歩により、提供すべきITサービスへのニーズも高度化してきている。システムも大規模化、複雑化する傾向にある。この変化に対処するための仮想化技術の利用には、綿密な準備とシステム構成の管理が欠かせない。第6章では、これらに関して解説する。

第7章では、システムの運用フェーズにおける課題を記載する。開発と運用を融合させて進めるDevOps、セキュリティ管理、ユーザによる要求定義から開発までの自動化ツールによる連携（CI：Continuous Integration）を説明する。さらに、このCIとDevOpsの連携（CD：Continuous Delivery）を解説する。

第8章では、第4~7章の膨大となりがちな作業を適切に分割し、自動化ツールを駆使して作業進捗を管理する手法を説明する。

第9章では、特徴のある8事例を取りあげ、解説する。前半の4例は、プロジェクトに対するサービスおよび自動化技術、後半の4例は、組織変革およびモチベーション向上に関する事例である。

本書はアジャイル方式でのサービスの開発・運用を主軸に解説したものである。本書の執筆に当たっては、サービスの開発・運用を支える多くのOSS自動化ツールに関する書籍、ウェブサイトを参考とさせて頂いた。これらのOSS文化を支え、情報を提供してこられた皆様に心からお礼を申し上げたい。巻末の付録には、購読者の利便性を考慮して①自動化ツール群の連結活用方法、②最近の自動化ツールのウェブサイト一覧を用意した。特に②のツールは、ぜひ参照されることをお勧めしたい。

本書が『アジャイル開発への道案内』同様、読者のニーズに添うものであり、OSS文化のさらなる発展に寄与するものとなることを期待する。

2019年6月

著者一同

目次

第5章 テスト支援

第6章 システムプロビジョニング および システム構成管理

第7章 システム運用支援

第8章 作業進捗管理

第9章 アジャイルによるITサービスの開発・提供事例

第1章
サービス産業の課題とアジャイル技術

日本の生産性は、先進国で最下位であるとされる。その理由は、日本のGDPの7割を占めるサービス産業の生産性が低いことである。本章ではまず、サービス産業とは何かということを解説する。続いて、日本のサービス産業の課題を探り、その解決策の一つとしてアジャイル技術を紹介する。最後にアジャイル技術を活用できる環境として必要なIT基盤について述べる。

1.1 サービス産業の特徴とその課題

本節ではまず、サービスの持つ基本的特性について説明する。そして、その特性を前提に、サービス産業の概要と課題を整理する。

(1) サービスの基本的特性

「サービス」という言葉は複数の意味を持つが、『大辞林』で最初に示されている意味は「人のために尽くすこと」である。すなわち、サービスとは、人のために何かを行う、人と人が協力し助け合うといった、人間の行為を指す。

例えば、小売店での接客を考えてみる。顧客が購入する商品を選ぶに当たり、従業員がアドバイスをするなど、いわば共同作業を行うことにより、顧客は最終的に自分の希望を満たす商品を入手できる。この場合、従業員が顧客にアドバイスするというサービス行為の品質が、顧客の満足度に影響を与えるのである。

また、製品は使用前に内容を確認できるが、サービスは発生や消費の瞬間にはじめてその内容を確認することになる。このことから、サービスの特徴を抽象化すると、無形性、同時性、消滅性であると言える。無形性とは、人の目に見えるような具体的な形状を持たないことをいう。また、同時性と消滅性は、消費される「そのとき」に「そのサービス」を提供する必要があり、かつ、提供と同時にサービスが消滅することをいう。

例えば、水道、電気、ガスなどの供給や、郵便、電話事業、交通事業といった公共性が高い業務は、ほとんどがサービスである。ここで、郵便配達や交通事業はサービスだが、郵便物やバスや鉄道車両はサービスではないという点に注意されたい。サービスは社会的機能の提供であり、ハードウェアやソフトウェアといった、具体的なモノではない。

以上が、サービスの基本的な特性である。

(2) 日本のサービス産業

日本は製造立国であるといわれるが、例えば自動車製造業においても、販売や保守、研究開発などはサービス産業に分類される。また、総務、人事、経理・会計なども、専門化されたサービス産業であると言える。サービス産業は、いまや日本のGDP*1ならびに就業人口の実に7割を占めるのである。また、日本では少子高齢化が急激に進んでおり、それらに関連するサービス産業が今後加速度的に増えることは想像に難くない。

ところが、日本のサービス産業の生産性は、統計を記録しはじめて以来、主要先進7カ国中、万年最下位で、伸び率も低い[1]。製造業における課題は、性能指標が「見える化」できるため、対処しやすい。しかし、サービスの価値は、モノ自体が持つ機能や性能などの客観的なデータ・情報ではなく、顧客側の主観や環境状況によって決まるため、見える化が難しい。

特に、「サービスは無償」という認識が広く存在する日本では、サー

＊1 正確な定義は、GDP(Gross Domestic Product)ではなくDNP(Gross National Product)であるが、ここでは一般的に使われているGDPを用いる。

ビスに付加価値を付け、対価を得ることは往々にして困難である。これは、サービスの価値を厳密に測定・証明したデータは得にくいため、価値判断が需要側の主観にゆだねられていることによる。

寿司作りの事例で考えてみよう。全ての寿司職人の技量が同じだと仮定すると、生産性を上げるために労働投入量を減らせば、顧客を待たせ、結果として労働時間も延びるという悪循環に入りかねない。そこで、工数削減のために、機械化やIT化を考え、そのベースとなる標準化マニュアルを作ったとする。すると、「人の温かみ」を感じさせる寿司職人ではなく、単なる機械が寿司を提供することとなり、多くの人にとって、食べる楽しみと魅力が失せてしまうであろう。このように、単純な生産性向上を図ることによりサービス量が減り、これまでとは別の業態になってしまうことも起こりうる。

これに対処する良い方法の一つは、先入観を排除し、ITを高度に利活用することにより、サービス・イノベーションを実現させることである。これにより、これまでと質の異なるサービスを生み出し、提供できるようになることが期待される。

(3) 世界のサービス提供企業と日本企業の課題

現在、世界の企業価値トップ5社といわれるのは、Google (Alphabet)、Apple、Facebook、Amazon、Microsoftであり、頭文字を取りGAFA＋Mと呼ばれる。このうちの4社、GAFAは今世紀の開始前後に生まれ、急激に成長している。4社ともサービスとしてのIT基盤を提供することからプラットフォーマといわれる。インターネットにつながる端末から個人情報のアカウント登録をすることにより、個人を対象とした無償のITサービスが提供されるという仕組みである。現在、GAFAが提供する一連のITサービスの影響を受けない生活は、世界のごく一部の地域を除き考えられないと言える。

この事実は、ITサービスの提供抜きでは、もはや企業価値の向上が図れないということを示している。IT分野では多様な新技術が次々と現れているので、GAFAもまた、自らの付加価値を上回るITサービスを提供する新興企業が忽然と現れて、取って換わられるかもしれない。このように、工夫次第で様々なITサービスを提供する企業が現れるという意味から、ITサービスの可能性は無限であり、日本もまた、ITを大いに使いこなしたサービスを提供することが重要である。

ITはハードウェアとソフトウェアからなるが、日本の課題はソフトウェア開発力だといわれている。そもそも、米国と比較してIT人材の絶対数が極めて少ない。さらに、そのうちの75%の人材がITサービス提供企業に所属し、ITユーザ企業側でITを利用したビジネス変革に取り組もうという人材が少ない。

現在、米国のシステム開発の80%以上はアジャイル開発により行われている。ITを利用しないビジネスは事実上存在しない中で、激動するビジネス環境に追随するビジネスモデルやそれに伴うITサービスの素早い変更は必須である。また、開発されたITシステムを素早くビジネスに反映させる行動と、それを可能にする意志決定者・経営者の存在も、ビジネス変革を支え、企業価値向上を実現させる上で重要である。

一方、日本でのシステム開発において、アジャイル開発が占める割合は30%といわれている。ビジネス環境の変化に追随しにくいウォーターフォール型の開発がいまだに主流であり、要求・要件定義から検収・運用まで長期間を要する。このため、必要なITサービス提供の遅れが避けられない。一方、ITサービスよるビジネスモデルの改革ニーズは、量的にも質的にも拡大している。変化に追随しにくい仕組みを抱えていることは、継続的な企業価値向上を阻害しかねないため、日本企業の大きな経営課題であると言える。

この日本の状況を変革、さらには変態（デジタルトランスフォーメーション）させるヒントは、現場におけるアジャイル開発と、アジャイル開発の底流に流れる仕事の進め方にある。次節では、これを実現させてゆく基礎となるアジャイル技術の適用可能性について述べる。

1.2 アジャイル開発の適用範囲拡大

本節では、ITサービス提供の重要な要素であるソフトウェア開発の二大手法であるウォーターフォール開発とアジャイル開発について、時間的視点および空間的視点から解説する。

(1) ウォーターフォール開発からアジャイル開発へ

ウォーターフォール開発は、時系列に沿って、要件定義、分析、設計、実装（開発）、テスト、運用、保守という各工程を管理・実施する開発方法論である。変化の少ない安定した環境でのシステム開発や大きな仕組み作りには向くが、外部環境の変化が多い場合は、計画の見直しや段取りの再調整などがしばしば発生するため、リリースまでの時間がかかりすぎる。また、システムが完成しても、運用開始後すぐに修正や拡張が要求され、再度の開発を余儀なくされる。

現在のビジネス環境は、日々大きく変化している。これに伴い、システム開発にも、必然的に開発スピードとビジネスへの迅速な追随性が要求される。そこでシステムの要件に優先度をつけ、開発・運用・保守のスパイラルを早く回すアジャイル開発を導入すれば、それらを実現することができる。

以上から、日本でもウォーターフォール開発からアジャイル開発への転換は加速傾向にある。以下では、アジャイル開発の理解を進める上で重要な、時間的拡張と空間的拡張に分けて解説する。

(2) 時間的拡張

アジャイル開発は、もともとはソフトウェアの開発フェーズに適用されるべき技術として考案されたが[5]、近年では運用・保守フェーズも含めて広く適用されており、適用範囲が時間的に拡張されてきている。

サービスの実現においては、顧客の要望や運用環境の変遷に柔軟に対応する必要があり、これはソフトウェアでなくては実現不可能である。一方で、サービスは提供するタイミングを固定することができない。開発・運用・保守のどの工程においても、顧客の要望やシステムの不具合の修復に迅速に対応しなければならないからである。

アジャイル開発では、対象となる業務を適切な小さな単位に分割して開発したのち、ただちに顧客に提供して妥当性の評価を受ける。運用後に不具合が検出されれば、適時その修正を行う。これにより、時間制約のある要求に対して柔軟に対応することができる。

サービスにアジャイル開発を適用するには、対象となるサービス全体を小さな単位に分割管理し、各々の現状と変更履歴を適切に管理する必要がある。これにより運用中のものと開発中ものなど、複数バージョンの共存が可能になる。また、常にテストプログラムを実行可能な状態で管理し、仕様変更等の影響による品質低下を防ぐことも必要である。さらに、ITサービスは順調に稼働するにつれ顧客数が増えていく傾向にあるので、それに備え、円滑に拡張するための仕組みも組み込まなくてはならない。そのための前提として、システムのリソースの過不足を的確に把握する仕組みが必要である。

上記のような仕組みは、全て自動化ツールによって実現される。第2章以下ではこれらの仕組みと自動化ツールについて詳細に説明する。

(3) 空間的拡張

現代のソフトウェアは、その構成の全てが自製であることはほとんどなく、第三者の作成したものを部分的に含むことが多い。具体的には、部品ソフトウェアやライブラリを用いるために、目的の機能を持つソフトウェアを動的に呼び込んで利用する、また、各種の自動化ツールの利用を前提とする等である。このことは、既存ソフトウェアの活用により開発スピードを速められることを意味し、時間制約のある開発では有効である。これは、システム開発が空間的に拡張されているとも言える。

ただし、第三者によるソフトウェアを組み込むことにより不都合が生じても、責任は開発者自身にあり、第三者に帰すことはできない。また、脆弱性を含む第三者ソフトウェアを使うことにより、セキュリティ不良を埋め込まれる可能性もある。最近では、脆弱性を含んだソフトウェアを使っているかどうかを自動チェックするツールが存在するので、極力利用すべきである。

運用においては、データ収集とその分析・グラフ表示といった、複数のサービスを連携させることも多い。また、多数の並行プロセスを活用し、複数のソフトウェア間の連携をさせることもできる。これも空間的拡張と言える。第6章に述べるように、このようなサービスの階層構造化は、一般的な手法として普及しつつあるので、詳細は第6章を参照されたい。

1.3 アジャイル開発実現のための IT サービス基盤

アジャイル開発を実現するための IT サービス基盤は、いまやクラウド環境とアジャイル環境を抜きにしては考えられない。ここでは、この IT サービス基盤する重要な環境に関して簡単にふれる。

(1) クラウド環境

前節で述べた、アジャイル開発の時間的・空間的な適用範囲拡大に伴い、開発基盤のクラウド化は必須となりつつある。例えば、国内オフィスとオフショア拠点や、複数社による開発などのオープンな環境に対応するために、個々の要件に適したクラウド環境の整備・選択は重要な基盤整備の一環となっている。

プライベートクラウドは、秘守の面で優れているが、一方で個々の企業での保守・維持は、人材や金銭面で負担となっていた。そこで最近では、アマゾンウェブサービス（AWS）や Google Cloud 等を代表とするパブリッククラウドの活用も増えている。秘守に配慮すれば、オフショア開発や国際的開発プロジェクトの開発環境構築も容易に実現できる。米国ソフトウェア業界では、2000年以前からこのような環境での国際分業を実現し、既に軌道に乗せている。パブリッククラウド環境は、IT 人材不足で苦戦している日本のソフトウェア業界にとっても、大きな救いとなる可能性がある。

(2) アジャイル環境

ウォーターフォール開発は大規模化・複雑化する傾向にあるが、アジャイル開発は、これに比較して小規模開発の繰り返しを特徴とすることから、軽量級ソフトウェア開発の総称とされ、これらのソフトウェア開発方法論に共通する考え方や哲学を指す言葉でもある。アジャイル環境とは、このアジャイル開発を実現させることができる基盤のことをいう。アジャイル開発では、OSS(Open Source Software)の自動化ツールの使用が有効であり、これを利用すれば自社のニーズに合致したアジャイル環境を比較的容易に整備することができるため、導入を検討すべき必須の項目であると言える。ただし、開発対象や開発拠点の環境により実現できるアジャイル環境は異なるので、事前に十分検証する必要がある。

今後はより国際分業を意識する必要があるため、自動化ツールの導入に当たっては、日本固有のものではなく、国際的に通用するツールの選択を考慮しなくてはならない。

第2章 ITサービスにおけるアジャルパラダイム

アジャイルパラダイム（アジャイル規範、方法論）は、当初、ソフトウェア開発に適用されるべき規範、方法論として生まれた。しかし、これが次第に成長して、ITサービスの開発・運用のための規範、方法論へと発展していった。表2.1は、アジャイルパラダイムのITサービス開発・運用への適用を、ソフトウェア開発への適用に対比してまとめたものである。詳細については、以下の節で説明する。

表2.1 アジャイルパラダイムのソフトウェア開発・ITサービスへの適用

アジャイルパラダイム	ソフトウェア開発	サービス開発・運用
小さな単位で開発	小さなモジュール単位で開発	マイクロサービス単位で提供
ビジネス的優先順位別の開発・提供	モジュール機能単位の優先順位別開発	マイクロサービス単位の優先順位別提供
正しく動作するものを継続的に提供	CI (Continuous Integration)	CD (Continuous Delivery)
テスト自動化戦略の延長線上にサービスリリース	テストの自動化戦略（各テストの独立性、テスト階層管理、テスト再利用）	テスト自動化の延長線上にサービスリリース
開発と運用の融合	―	DevOps (Development & Operation)
OSS(Open Source Software)の活用	再利用コンポーネントとしての活用	サービス開発・運用の連携のために活用

2.1 開発・提供の単位とその優先順位

アジャイル開発では、開発の対象を小さな単位に分割して開発し、その期間を2週間程度の短い期間内に収めて、繰り返し開発を行う。

ソフトウェアは、オブジェクト指向の考え方に基づいた小モジュールに分割して開発する。このとき、機能的な安定性を考慮した論理的な分割が優先するが、ビジネス的な優先度から、高頻度な変更が予想されるある特有のモジュールの開発・変更を容易にするために、特別の配慮が必要な場合がある。

ITサービスも、上記のソフトウェア開発における機能分割に沿って分割されるのが一般的である。しかし、近年のITサービスは大規模化してきており、一つの大きなサービスが多数のマイクロサービスで構成されている場合が少なくない。マイクロサービスへの分割は、コンピュータリソースの効率的な運用の観点からなされることが一般的である。そして、分割(改造)は、初期開発時ではなく、運用に入ったのちに運用実績データに基づいて行われる。

上述したように、小さな単位で繰り返し開発されたソフトウェアやITサービスは、ビジネス優先順位に基づいて提供されていく。しかし、ビジネス優先順位をどのように判断するかは難しく、特に、顧客意見や市場調査によらざるを得ない新規に提供するの場合の判断が難しい。なお、既にサービスが提供されているものであれば、顧客意見の分析が大いに参考となる。

さて、ある特定のマイクロサービスのビジネス優先度が高いと判断したとすると、次に、それを実現するためのコストが問題となる。それがソフトウェアの開発費用であれば、自社で開発するか、該当するソフトウェア機能を他社から導入するかを判断することになる。

性能面の問題は、必ずしもITサービス全体ではなく、問題となっている部分に対応するマイクロサービスへの対策のみで解決する場合もある。具体的には、そのマイクロサービスをマルチプロセス化する、プロセス数を増やす、などの対策を講じる。

2.2 CIからCDへ

ソフトウェア開発においては、開発の手段として継続的統合(CI:Continuous Integration)が必要であった。これにより、必要とするソフトウェアを、正しく動作する状態でいつでも取り出して、開発に用いることができた。

サービスの開発・運用においては、これをさらに後の工程であるシステムテスト、リリーステストの工程においても可能とする、継続的提供(CD：Continuous Delivery)が必要である。CDはCIを包含し、これにより、サービスリリースまでのいかなる時点においても、正しく動作するソフトウェアを取り出して変更を加え、テストすることができる。このシステムテストやリリーステストは、特別のものとしてではなく、通常動作として実施できる軽便さを備えている必要がある。ITサービスの規模が大きい場合、全体に対してこれを実施することは大きな作業とリソースが必要とされる。この観点からも、マイクロサービス化が必要とされる。

2.3 テスト自動化戦略の延長線上のサービスリリース

ソフトウェア開発においては、テスト自動化戦略[*1]が極めて重要である。テスト自動化が実現できてこそ、高速のアジャイル回転が可能となるからである。テスト作業は、開発した機能を確認するために一時的に行うものではなく、その後の運用、機能拡張においても繰り返し行うものと捉えなくてはならない。したがって、テスト自動化戦略では、各々のテストの独立性維持、テストの階層管理、テストの再利用などの施策が必要とされる。

サービスの開発・運用においては、テスト作業とリリース作業を別のものと捉えてはならない。テスト自動化戦略の延長線上にサービスリリースがあると考え、それぞれのテスト戦略がサービスリリースにどのような影響を与えるかを考えて推進することが大切である。このテスト自動化戦略上の工夫があってこそ、優れたサービスリリースと運用が実現できる。

＊1 テスト自動化を行うための基本的な施策、方法のこと。具体的には、個々のテストの独立性維持、テストの階層管理、テストの再利用等が含まれる。

2.4 DevOps

これまで、ITサービスにおいては、開発と運用は独立した別のチームで行われるのが通常であった。したがって、開発の結果を運用チームに引き渡し、運用チームなりの検討が加えられ、月単位の期間が経過後にリリースが行われることが少なくなかった。これでは大事な時間が浪費されることになる。

アジャイルパラダイムに基づくDevOps (Development & Operation、開発と運用の融合) では、開発チームと運用チームの間でリソースと知識の徹底的な共有を推進する。開発環境、ビルド手順、テスト資産などに加え、作業の進捗管理、不良への対策状況等の情報も共有していく。したがって、リリーステスト、システム構成管理情報、ビルド手順などは、開発チームと運用チームの両方が理解できるような表現 (言語) で記述する。

2.5 OSSの活用

アジャイル開発の実行には、OSS(Open Source Software)の活用が内包されている。高速に開発を進めるためには、既存の安定したコンポーネントを再利用することが極めて重要である。OSSが利用されはじめた当初は、ともすると「OSSは作者が不明瞭な信用できないソフトウェアである」と評価されがちであった。しかし、現在では「OSSは、世界中の人々によって使われ、評価されている、極めて信頼できるソフトウェアである」という認識へと変化してきている。

これは、ITサービスの開発・運用においても同様である。ITサービスは一般に複数のサービスの連携を前提に実現されており、ソフトウェア単体と比べてより社会的な存在であると言えよう。したがって、要求される機能の実現のために適切なOSSを活用することは、開発者の見識を示し、そのソフトウェア全体の信頼を増すことにつながる。以上から、OSSを活用すること、それも社会的に認められた信頼されているOSSを活用することが大切である。

第3章 ITサービス開発・運用の自動化の枠組み

ITサービスにアジャイル開発を適用するためには、自動化技術を欠かすことはできない。本章ではその概要を述べる。

3.1 ITサービス開発・運用の段階的自動化の推進

ITサービスのアジャイル化は自動化技術をベースにして進められ、そのために、極めて多様な多数の自動化ツールが活用される。その多くはOSS (Open Source Software)であり、誰もが無料で自由に利用できる。すなわち、自動化のための基礎となる技術は豊富に蓄積されているのである。大切なのは、最新の技術動向を正確に把握して、自らのプロジェクトに適切に自動化技術を適用していく応用力である。一度にまとめて導入しようとすると、導入するべき知識量、作業量に圧倒されて、消化不良を起こしてしまう。そこで、一般的に、次のように段階的に自動化ツールを導入していくことが妥当と言える。

第1ステージ：　開発支援ツールの導入。開発工程の自動化を中心に推進する。
第2ステージ：　テスト支援ツールの導入。テスト工程の自動化を中心に推進する。
第3ステージ：　プロビジョニングツール、システム構成管理ツールの導入。システム規模の拡大に備える。
第4ステージ：　システム運用支援ツールの導入。運用の自動化を徹底する。
各ステージ共通：作業進捗管理ツールの導入。作業進捗管理の自動化を進める。

上記はあくまでもITサービス開発・運用の自動化の順序の大雑把な枠組みを示したものであって、厳密に守る必要はない。例えば、第1ステージが完了しなければ第2ステージが始められない、というわけではなく、両者への取り組み時期は重なってもよい。このことは第1ステージから第4ステージの全ての組み合わせについて言える。なお、作業進捗管理ツールは、上記の第1ステージから第4ステージのツールの導入と並行して導入するのが望ましい。

3.2 自動化の概要

本節では、前節で述べた第1~4ステージおよび各ステージ共通の自動化の概要を説明する。これらの詳細な説明は、後続する第4~8章で行う。

(1) 開発支援

ソフトウェア開発の自動化を推進するためには、開発支援ツールを導入する。開発支援ツールはソフトウェアそのものとともに発展してきた自動化ツール群であり、極めて古い歴史を持っている。しかし、そこで使われている技術や機能は大きく進歩してきており、現在においても進歩は止まっていない。その概要を表3.1に示す。表3.1内の個々のツールの詳細については、第4章で説明する。

表3.1 開発支援ツールの分類

分類	具体的な自動化ツール・基盤（例）
変更歴管理・バージョン管理ツール	SCCS, CVS, Subversion, Git, GitHub, Mercurial
ビルドツール (ソフトウェア構成管理機能を含む)	Make, Ant, Maven, Gradle, Rake, Buildr, Ivy
常時結合CI (Continuous Integration)ツール	Jenkins, BuildHive, CircleCI,
コード分析・評価ツール	Checkstyle, PMD, FindBugs, Jtest, PMD-CPD, JDepend, JavaNCSS, Cobertura,

(2) テスト支援

テスト作業は、テストケースの作成、テストプログラムの作成、テストの実行、テスト結果の検証、運用状態の検証、等々の多様な作業から構成されている。どの作業に対してどのような自動化を行っていくのかを決めるに当たっては、多様な要素を考慮に入れなくてはならない。

また、時代とともにテスト対象は変わっていく。例えば、過去にはインターネット技術の導入、GUI(Graphical User Interface)の活用、クラウド技術の導入などにより、テスト技術も大きな変革を強いられた。したがって、テスト技術は固定的なものではなく、時代の流れ、技術の変遷を敏感に反映したものでなくてはならず、それに伴いテスト自動化技術も進歩していく必要がある。

表3.2にテスト支援ツールの概要を示す。表3.2内の個々のツールの詳細については、第5章で説明する。

表3.2 テスト支援ツールの分類

分類	具体的な自動化ツール・基盤（例）
単体テスト支援	JUnit, EasyMock, jMock, Mockito, DbUnit, EclEMMA
機能テスト（APIテスト）支援	TestNG, Fit, FitNesse, Spock(Groovyベース)
GUIテスト支援	Selenium2(WebDriver), Appium, Geb/FluentLenium/Capybara,
BDD支援	Cucumber, JBehave, RSpec
性能評価支援	JMeter, LoadRunner, SOAtest
セキュリティテスト支援	Gauntlt, Arachni, OWASP ZAP, OWASP Dependency-Check, Sonatype Nexus Lifecycle
サーバーテスト支援	Serverspec
システム構成管理コードテスト支援	Foodcritic、Test Kitchen(Chef情報), puppet-lint(Puppet情報), Ansible_spec/Kirby(Ansible情報)

(3) システムプロビジョニングおよびシステム構成管理

近年のIT技術の大きな変革の一つとしてクラウド技術の普及が挙げられる。これによりハードウェア資源が仮想化され、ソフトウェア的な平行処理が容易に実現可能になった。ITサービスの提供に当たっても、サービス普及につれ並行処理によってサービスを拡大できるようになった。システムプロビジョニングツールはこのようなサービス拡大を容易にするためのツールである。

また、サービスの拡大とともに色々な工夫を加えていくと、結果としてシステム構成も大規模化、複雑化していく。そのようなシステム構成の手動管理は作業負荷が大きく、誤りを起こしやすい。システム構成管理ツールは、このような作業を支援してくれる。

表3.3にシステムプロビジョニングとシステム構成管理ツールの概要を示す。表3.3内の個々のツールの詳細については、第6章で説明する。

表3.3 システムプロビジョニングツール、システム構成管理ツールの分類

分類	具体的な自動化ツール・基盤（例）
システムプロビジョニング	Vagrant
バーチャルマシン(VM)	VMware ESXi, Citrix XenServer, Virtual Box
コンテナ型仮想化	Docker, Linux Containers, Kubernetes
パブリッククラウド	AWS, Google App Engine/Apps, Salesforce Platform, Windows Azure Platform, OpenStack, CloudStack
システム構成管理	Ansible, Chef, Puppet

(4) システム運用支援

システム運用支援は、システムが安定して運用されるように各種の支援機能を提供する。そのために、運用状況に関するデータを収集して保存し、それを分析して分かりやすいグラフ形式で表示し、リソースの使用状況を監視して、システムの正常運転に必要な量のリソースが確保されていることを確認する。また、セキュリティ面での監視を行

い、外部からの脅威からシステムを守ったり、ロボット運用、音声合成技術などを用いて、システム運用の省力化を図ったりする。

表3.4にシステム運用支援ツールの概要を示す。表3.4内の個々のツールの詳細については、第7章で説明する。

表3.4 システム運用ツールの分類

分類	具体的な自動化ツール・基盤(例)
電子署名	Gpg4win (Gpg:GNU Privacy Guard)
運用データの収集/保存/分析	ELK スタック(Elasticsearch, Logstash, Kibana), Nagios, Zabbix, StatsD
リソース使用状況監視	Munin, Cacti
チャット運用、ロボット運用	Slack, IRC, ChatWork, Hubot, HipChat
メッセージ音声の合成	OpenJTalk, SofTalk, VoiceText

(5) 作業進捗管理

ITサービスの開発・運用作業は、多種多様な数多くの作業から構成されている。これらの作業の進捗管理を行うに当たって、個々の作業の詳細に最初から分け入っていくことはできない。現実的には、作業対象をある粒度で分割して、進捗を管理する。

上述の「粒」こそがアジャイル開発・運用の作業単位である。アジャイル開発・運用では、作業進捗管理についても「アジャイル」であることが求められる。アジャイル開発・運用では、この「粒」にIDを付けて、「チケット」と呼ばれる管理表と対応付け、自動化ツールを用いて進捗を管理する。

表3.5に作業進捗管理ツールの概要を示す。表3.5内の個々のツールの詳細については、第8章で説明する。

表3.5 作業進捗管理ツールの分類

分類	具体的な自動化ツール・基盤(例)
ITS(Issue Tracking System)	Trac, JIRA, Redmine, GitHub Issue

第4章
開発支援

開発支援ツールは、ソフトウェア開発の基本となるツールであり、ソフトウェアそのものと表裏一体となっている。したがって、開発支援ツールの進化がソフトウェアの進化を支えてきたと言える。

4.1 開発支援ツールの進化

開発支援ツールは、ソフトウェア開発に欠かせないツールである。ソフトウェア開発の黎明期から存在していたため、長い歴史を持っているが、各ツールを実現する技術そのものは大きく進化してきている。

変更歴管理・バージョン管理ツールを例にとると、SCCSに始まり、RCS、CVS、Subversion、Git, GitHubと進化してきた。また、ビルドシステムは、Make、Ant、Maven、Gradleと進化し、CIツールは、CruiseControl、Continuum、Jenkins、CircleCIと進化してきた。ツールの提供形態の面から見ると、個別ツールとしての提供、OSS形態での提供、サービス形態での提供という形で進化してきている。

以下では、開発支援ツールをカテゴリごとに分類して解説し、その進化の過程を見ていくとともに、最新のツールについてはその機能概要を説明する。

4.2 変更歴管理およびバージョン管理

ソフトウェアは、その開発の過程においても、また、運用・保守の段階に入っても、頻繁に変更される。この変更を記録し、また、過去を復元するために、変更歴管理は重要である。

(1) 変更歴管理の重要性

ソースコード変更歴管理ツールは開発過程の変更を記録し、また、過去の状態を復元するために活用されてきた。特徴は以下のとおりである。

①失敗に気づいた場合に（不良を検出した場合を含む）、検討・修正するために過去のいかなる状態に戻れる。いわば、タイムマシンである。

②同一のコードに対して、複数の開発者が、管理された方法で並行アクセスできる。これにより、チームによる共同開発が可能となる。

③既にリリースされたコードを保守しながら、最新のコードの開発を並行して進めることができる。

④変更の経時的な記録が残されるため、変更の理由、回数等の記録情報が後で活用できる。

(2) ソースコード変更歴管理からバージョン管理へ

ソースコード変更歴管理技術は、より論理的な単位を扱うバージョン管理技術へと発展していった。特徴は以下のとおりである。

①ソースコードを個人の所有物としてではなく、開発チームメンバー全員による共有リソースとして扱う。

②単に断片的なソースコードの変更差分を扱うのではなく、タグによりグループ化する。また、ソースコードの論理的時系列集合であるコードラインを管理するようにする。

③コードラインおけるメインライン（トランク）とブランチとを設けて、並行作業ができるようにする。これにより、空間的・時間的に分散したチーム間の協業を可能とする。

④ソフトウェアのリリースに当たり、ブランチを使ってリリースし、メインラインは開発を継続できるようにする。

⑤ブランチの変更は、テスト完了後にメインラインの変更へマージ

する。

(3) バージョン管理上の留意事項

バージョン管理は極めて重要であり、これを誤りなく正しく実行するために、以下について十分に留意する必要がある。

①できるだけ頻繁にチェックインする(1~数回/日)。これにより、失敗したときに着実に回復できる。

②基本的にメインラインにチェックインする。ブランチにチェックインした場合は、後で、再度メインラインにチェックイン(マージ)することになる。後者の方法は、CI(Continuous Integration)の考え方と相容れない。

③チェックインのメタデータ(変更理由の説明等)を、分かりやすく記述する。不良修正等については、これがなおざりになりがちなので注意が必要である。

④あらゆるリソース、およびそれに関する情報をバージョン管理下に置き、旧バージョンが環境も含めて確実に再現できるようにする。

⑤リリースの際には、ブランチを作成して、そのブランチ上でリリースする。リリースしたものの不良はブランチ上で修正する。そしてまた、メインライン上にも修正をフィードバックする。

⑥大規模な機能の追加や変更を行う場合に、ともすると、メインラインに迷惑をかけたくないとの理由でブランチを作りたくなる。しかし、現実にはブランチを作ることは容易でも、これをメインラインにマージするのには大変な苦労が伴う。大規模な追加、変更は、ブランチではなくメインライン上でコツコツと着実に進めた方が結局は早道である。ブランチ上でリファクタリングを行った場合には、このブランチをメインラインにマージするのに苦労することが多い。

広く利用されているソフトウェアほど、個別顧客対応、不良対応の多様なバージョンを提供している場合が多い。このようなソフトウェアにおいてはバージョン管理は極めて重要である。

(4) バージョン管理システムの歴史

ここでは、これまでに使用されてきたバージョン管理システムを、その発展の歴史とともに概説する。

①SCCS(Source Code Control System)：バージョン管理システムの元祖とも言うべきツール。1972年にIBM System/370上にベル研Marc J.Rochkindが開発、その後、Unix上に移植される。

②RCS(Revision Control System)：Walter F. Tichyが パデュー大学で1980年代に開発、その後、GNUソフトとして現在も使われている。複数ユーザは扱えない。

③CVS(Concurrent Versions System)：Dick Gruneが開発し、1986年にオープン化、1988年にB. BerlinerがC環境に移植した。RCSをベースに、クライアントサーバ機能、ブランチ・タグ機能等が強化され、ネットワーク上で複数ユーザを扱うことができる。ただし、複数ファイルに対するコミットをアトミックに(一つの操作として)できない。

④Subversion：CVSの問題点を解決するものとして、K. Fogel、Ben Collins-Sussman他により開発され、2001年に公開された。彼らは、CVSに精通しており、コマンドはCVSに合わせてあることから、CVSに代わって急速に普及した。

RCS、CVSの管理の基本単位はファイルであり、これが処理時間の長さや、排他制御機能に限界を生じさせる。一方、Subversionの管理単位はリビジョン（変更差分）であり、このような課題を克服している。また、関連する複数のファイルに対する操作をアトミックに行うことができる。

Subversionは、集中管理方式の開発においては優れたバージョン管理システムであり、現在最も多く使われている。しかし、分散型開発のバージョン管理機能を行うには限界がある。これには、次に説明するGit等の分散型バージョン管理システムが必要である。

⑤GitおよびMercurial：Linuxカーネルの開発においては、分

散バージョン管理ツールであるBitKeeperが使われていた。BitKeeperは商用ツールであったが、無料版も配布していて、Linuxチームはこれを使っていた。しかし、2005年春に無料版の仕様条件が厳しくなったため、Linuxでは継続使用が不可能になった。

BitKeeperの代替品として適切なもの見つからなかったため、LinuxプロジェクトのリーダーであるLinus Torvaldsと同僚の濱野純の2人が中心となって、Gitの開発を始めた。開発開始から3カ月経った2005年7月には、当初バージョンが開発、公開され、その後、OSSコミュニティの中で急速、かつ着実に改良が加えられ、ユーザ数を増やしていった。

同じくBitKeeperの後継品として開発された分散バージョン管理システムとして、Mercurialがある。Mercurialも、Gitの対抗品として現在も利用されている。

(5) Subversion [6, 7]

以下では、代表的なバージョン管理システムであるSubversionについて解説する。

(i) Subversionの長所

RCS、CVSを超えたSubversionの長所は次のとおりである。

①ソースコードだけでなく、いかなるファイル、ディレクトリ、オブジェクトファイル、メタデータも管理できる。

②ファイル、ディレクトリの追加、削除、コピー、名称変更が可能である。

③クライアントサーバ方式、ネットワーク対応、複数人でのファイル共有が可能。変更において、アトミックなコミットにより、排他制御ができる。

④差分管理が可能である。転送、格納にてデータが圧縮されていて、性能に優れている。

⑤ブランチ、タグの作成、マージが軽快である(性能に優れている)。

⑥広範囲のプラットフォームをサポートしている。

(ii) Subversionによるバージョン管理の方法

Subversionにおいては、全てのリソースをリポジトリで集中管理する。リポジトリの内容に操作を加える場合は、リポジトリから各作業者の作業領域に必要な部分をコピーする。これをチェックアウト(checkout)と呼び、この作業領域において必要な変更・追加等の操作を加える。テスト等による確認の後、上記を正式のものとしてリポジトリに反映して保存する場合は、チェックイン(check in)する(コミット(commit)という場合もある)。

このように、作業領域での操作とリポジトリへの正式なコミットを分けることにより、リポジトリを複数の開発者間で共有することを可能とする。これにより、高い品質を維持することができる。

(iii) Subversionにおけるロック方式

ソースコードの同じ個所に2人が同時アクセスして更新すると、競合が生じてコードの内容が不正なものになる可能性がある。競合を防ぐためのロック方式には、「厳格なロック(strict lock)」と「楽観的ロック(optimistic lock)」がある。

厳格なロック方式では、誰かがチェックアウトすると、その人がチェックイン(コミット)するまでファイル全体にロックが掛けられて読み取り専用になり、更新できない。一方、楽観的ロック方式では複数人がチェックアウトできるが、誰かがチェックインした場合は、その更新内容を再度取り込んで、その上に自分の変更分を加えてチェックインする。

Subversionは、楽観的ロック方式を採用している。

(iv) Subversionのディレクトリの構造

最上位のディレクトリの構造を図4.1に示す。

- ・doc/　　プロジェクトに関連するドキュメントを格納する。
- ・data/　　プロジェクトに関連するデータを格納する。
- ・db/　　プロジェクトでデータを扱う場合に、全てのスキーマ関連の要素をここに格納する。

- src/　　　　プロジェクトのソースコードを格納する。
- util/　　　 プロジェクト固有のユーティリティプログラム、ツール、スクリプトを格納する。
- vendor/　　サードパーティ製のライブラリ（バイナリ）等を使う場合は、ここに格納する。
- vendorsrc/ 上記のソースコードを格納する。

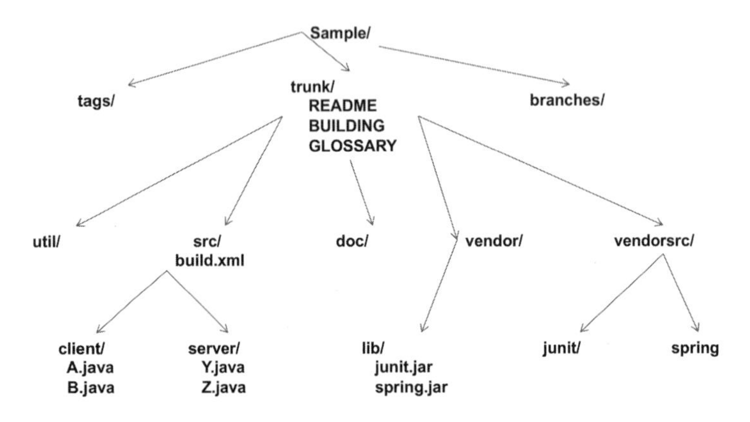

図4. 1　Subversionのディレクトリの構造（文献 [6] より引用、改変）

(6) Git [8-10]

Gitは Subversionと並ぶ代表的なバージョン管理システムである。Subversionよりも新しく開発されたものであり、分散環境下でのバージョン管理を可能としている。

(i) Gitの概要

Gitは、Linuxのソースコード管理を目的として、Linuxの開発リーダーであるLinus Torvaldsとその同僚である濱野純により開発された。その特徴は、分散型バージョン管理システムであるという点である。

分散環境での変更管理は、リモートのセントラルリポジトリにアクセスせず、ローカルなリポジトリを使って行われる。データ圧縮を工夫しており、Subversionと比較して動作性能が格段に優れている。

(ii) Gitの特徴

Gitの特徴として次が挙げられる。

①分散開発を容易にする。セントラルリポジトリと同期をしていなくても、分散リポジトリで独立して、並行開発ができる。

②何千人もの開発者を扱える。

③高速で効率よく動作する。データ容量を節約して、転送時間を短縮するための、データ圧縮技術、差分管理技術が優れている。

④SHA 1という暗号学的ハッシュ関数を用いて、全てのオブジェクトのIDをユニーク化して、完全性や信頼性を維持している。

⑤分岐して、分散開発した後の、マージ処理を容易に行うための機能を備えている。当機能が他のバージョン管理システムと比べて、操作性と性能において格段に優れている。このような分岐開発を同時に複数個扱うことができる。

(iii) Gitの分散バージョン管理の仕組み

Gitでは、ソースコードだけでなく、そのプロジェクトで必要とされるあらゆるリソースを格納し、バージョン管理する。

Subversion等の従来型のバージョン管理システムでは、集中型リポジトリにより全てのデータをセンターに集中管理し、ネットワーク等を経由してそれを共有する。一方Gitでは、ユーザ各人が専用のローカルリポジトリを持つ。ユーザは、センターとのネットワーク接続が切断された状態であっても、ローカルな作業は継続でき、必要なときにセントラルリポジトリにコミットして同期を取る。このローカルリポジトリをワークツリー(work tree)と呼び、そこにはインデックスとファイルの両方が含まれている。変更・追加の作業はこのワークツリーの上で行われ、これを「ステージされた変更」と呼ぶ。ステージされた変更を重ね、妥当性を検証した後に、正式な変更として、ログメッセージを付けて“commit”する。

このように、Gitでの変更は2段階に分けられている。“commit”

することにより、新しいリビジョンが作られ、これがログメッセージとともに保存される。また、分散管理においては、必要に応じて上位のリポジトリに自分の変更を反映する必要があり、それは"push"により行われる。また、逆に上位のリポジトリの変更を取り込む場合は"fetch"により行われ、取り込んだ変更と自分の変更とを"merge"する。"pull"により"fetch"と"merge"を同時に行うことができる。

なお、プロジェクトがあるマイルストーンに達すると、そのときのリポジトリの状態に対して分かりやすいタグを付与される。また、分岐をしたときはそれにブランチ名を付与される。

(iv) Gitの内部構造

Gitを構成するオブジェクトは、次の4つから構成される。

①ブロブ(blob):binary large objectを意味する。データ実体が含まれており、メタデータ(名前も)は含まれていない。

②ツリー(tree):1階層分のディレクトリ情報を持つ。その配下の全ファイルのブロブID、パス名、また、再帰的に参照する他のツリー名を含んでいる。

③コミット(commit):リポジトリに加えられた各変更のメタデータを保持する。具体的には、作者、コミッター、コミット日付、ログメッセージ、コミットが実行されたときのツリーオブジェクトを記録している。

④タグ(tag):特定のコミットオブジェクトに対して、人が読める分かりやすい名前を付けるための情報を含む。

Gitオブジェクトの相互関係を図4.2に示す。

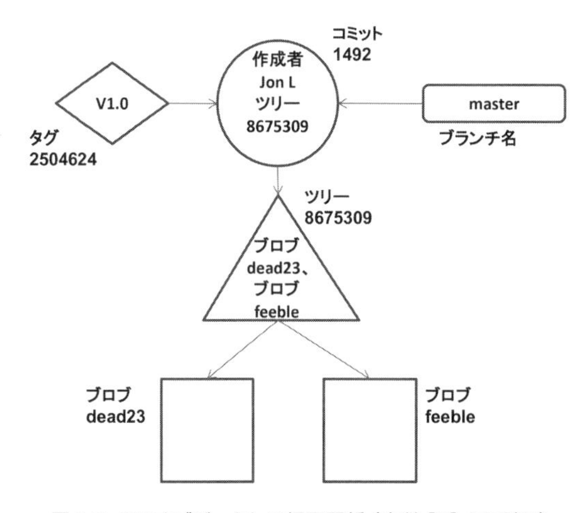

図4.2 Gitオブジェクトの相互関係（文献 [8] より引用）

(v) GitとSubversionの連携

現状において、Gitには勢いがあり、急速にユーザ数を伸ばしている。もともと、Gitは分散開発を目的として開発されたものであり、Subversionの後継として開発されたものではないが、いまやSubversionの競合ツールと見なされている。とはいうものの、いまだ、Subversionのユーザ数は圧倒的な多数を占めている。SubversionとGitとの相互連携として以下が可能であり、そのためのツールが用意されている。

①Subversionのデータを全てGitに変換する。

②Subversionのデータをそのまま活用し、そこから必要とされる変更差分だけをGitに取り込む。また、逆に、Gitでの変更差分をSubversionに戻す。

(vi) GitHubサービス[11, 12]

GitHubは、Gitを利用するプロジェクトのためのホスティングサービスである。Logical Awesome社が運営しており、2008年からサービスが開始された。GitHubを利用すれば、設備の準備に気を使うことなく、グローバルな分散開発ができる。また、OSSプロジェクトはGitHubを無料で利用できる。このために、Eclipse等の多くのOSS

プロジェクトがGitHubに移行していて、現状ではOSSプロジェクトの半数を超えているという。主要なOSSプロジェクトがGitHubに移行していること、また、GitHub専用の最新ツールが拡充されてきていることから、GitHubは新しい世界標準としての地位を獲得しつつある。

Gitは、コマンドベースのツールであるが、GitHubでは、Gitインタフェースを内部に隠ぺいし、全てをウェブインタフェースで利用できるようにしている。GitHubが提供している主な機能は次のとおりである。

①Organizationアカウント：GitHubをグループで利用することができる。ソースコード情報だけでなく、イベント情報や管理情報もグループで共有できる。

②Issue管理機能：バグや改善要求などの課題とその処理状況をIssueとして管理する。Redmine、TracなどのIssue管理専用ツールに負けない機能を持つ。これらのIssue管理専用ツールよりも軽量で使いやすいという人もいる。

③Pull Request機能：機能追加やバグ修正などの結果をGitHubリポジトリに登録(push)したものを、他の開発者が取り込む(pull)ための要求を発行する。この機能によりGitHubでは、いわゆる「ソーシャルコーディング」が可能となる。

④hubコマンド：Gitコマンドをラップしてさらに高度の機能を付け加えて使いやすくしたCLI(Command Line Interface)機能である。Git+hub =GitHubとの説明がされているように、GitHubの代表的な機能である。GitHubでは初心者はGUIを、上級者はCLIを利用するものと想定している。

⑤Git Flow機能：リリースを中心に据えたバージョン管理を支援する。なお、バージョン管理の基本的な考え方およびそこでのブランチの役割については、4.2 (2)、(3) に解説したので、それを参照されたい。また、Git Flow機能を活用したバージョン管理の具体的な方法については文献 [13] に詳しく説明されているので、そちらを参照されたい。

(vii) SourceTree

SourceTreeは、当初はMac OS X用に開発されていた無料のGit/Mercurialのクライアントアプリケーションで、GUIによる直観的なバージョン管理操作を最大の特徴としている。2011年にAtlassian社に買収され、Windows用の正式版が2013年6月に公開された、比較的新しいツールである。

SourceTreeの使いやすさは最近になって急速に着目されている。Git管理ツールとして有名なTortoiseGitとEclipseのGitプラグインであるEGitとを、Google Trends上で普及率を比較したものを図4.3に示す。SourceTreeは、前節に述べたGit Flow機能もサポートしていて、複雑なバージョン管理操作を直観的なGUIで行えるようになっている(図4.4参照)。

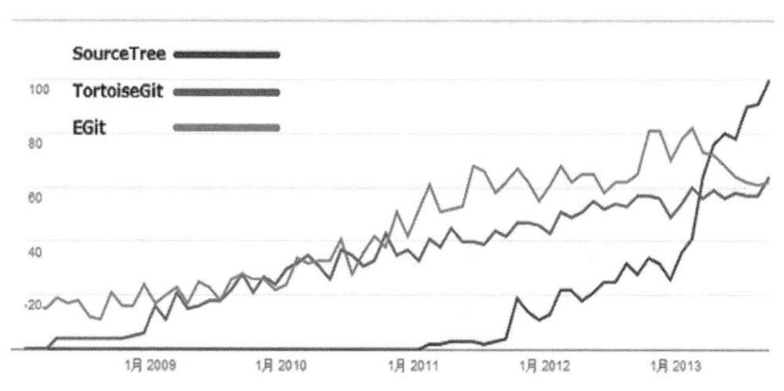

図4.3 Google Trendsによる Git用バージョン管理ツールの普及率の比較(文献[14]より引用)

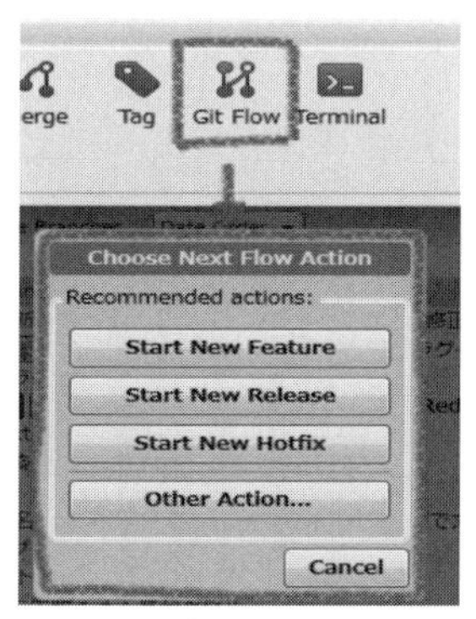

図4.4 SourceTree によるGit Flow サポート機能メニュー(文献[14]より引用)

(viii) Gerrit

Gerritは、Google社が開発したGit用ソースコードレビューツールで、Android上のアプリケーション開発者を中心に普及しつつある。Gerritを日常作業の中に取り込むことにより、ソースコード更新の信頼性が大きく改善されると評判になっている。使用手順は次のとおりである。

1. Gitを用いたソースコード変更の変更差分を分かりやすい形式で表示する。
2. 1.の変更差分の妥当性をコミットする前にパートナーに転送して、レビューを受け、さらに、正しく動作することをCIサーバでテストする。
3. 上記の2.を確認した上でCIサーバでマージして正式にコミットする。具体的には、自分自身でのテストと、パートナーによるレビューを完了したものだけを、JenkinsなどのCIツールに渡して、メインファイルと統合する。

4.3 ビルドおよびソフトウェア構成管理

ソフトウェアを構成する部品群を集積して、実行可能な形式に変換し、結合することをビルド（プロセス）と呼ぶ。また、この過程で得られる情報をもとに、そのソフトウェアを構成する要素を管理することを、構成管理と呼ぶ。ビルドと構成管理は、複雑なソフトウェアを構築して管理するために欠かすことのできない作業である。

(1) バージョン管理から構成管理へ

バージョン管理では、ソフトウェアの変更履歴を時系列構造で管理する仕組みを作り上げた。ソフトウェア構造を管理する上でもう一つ大切なことは、その論理空間構造を管理することである。そのソフトウェアがどのような要素から構成されているかを管理することを、構成管理という。バージョン管理と構成管理により、ソフトウェアは時系列構造と論理空間構造の両面から管理されることになる。

構成管理を行うためには、ソフトウェア開発における管理対象をソースコードに限定せずに、バイナリコード、テストプログラム/データ、環境情報、仕様情報などソフトウェアに関連するあらゆるリソースに拡大する必要がある。

また、これらのファイル間の相互依存関係や、プロジェクト間の共有ソフトウェアファイルの共有関係を管理する。外部から導入するソフトウェアも、管理対象である。

以上の構成管理操作をビルドという。ビルドは、ソースコードを始めとする関連情報をまとめ上げ、動作可能なソフトウェアセットを構築する一連のプロセスである。ビルドはその実行される目的やタイミングにより次のように分類される。

①プライベートビルド：開発者が自分だけの開発作業のために実行するビルド

②インテグレーションビルド：複数のソフトウェアを一つに統合するためのビルド

③リリースビルド：該当するソフトウェアをリリースするために行われるビルドであり、コミットビルドと2次ビルドから構成される。

- コミットビルド：コミット（変更を登録）するためのビルドであり短時間（5分以内）であることが望ましい
- 2次ビルド：コードインスペクション等の処理を夜間や休日に実行するためのビルド

(2) ビルドツールとその歴史

(i) ビルドツールの歴史

以下に、代表的なビルドツールを挙げ、その歴史を紹介する。

① Make：Unixのコマンドとしてビルド機能を実現する。複雑なソフトウェアに対しては、複数回のコマンドを実行する必要がある。ビルドツールの原点とも言うべきツールである。

② Ant：コマンドの代わりに、Java, XMLで構造およびプロセスを記述する。したがって、クロスプラットフォームで利用が可能

である。長い歴史を経て、現在でも使われている。(ii) で詳しく述べる。

③ Maven1：ビルド機能に限定せずにPOM(Project Object Model)の考え方に基づき、ビルド、テスト、ドキュメンテーション、デプロイ等を含めたプロジェクトのライフサイクル全体を管理する。ソフトウェア構成管理システムとしての機能を持つ。(iii) で詳しく述べる。

④ Maven2：Maven1の機能を継承しつつ、機能拡張、操作性向上、性能向上の面から改良。複数プロジェクトを取り扱うことができる。2005年に初出荷された。

⑤ Maven3：Maven2と互換性を持つ。性能面、内部構造面で改良されている。2010年に初出荷された。

⑥ Rake：Antは、MakeのコマンドをXMLで置き換えることにより、ビルドスクリプトの記述しやすさと記述能力を大幅に改善した。Rakeは、XMLをRubyで置き換えることにより、記述能力と記述しやすさを大きく改善した。ユーザは必要とされるカスタマイズをRubyを使って自然に、かつRakeと矛盾することなく行うことができる。Rubyを用いたプロジェクトでは、Rakeが標準的なビルドツールとして使われている。

⑦ Buildr：Assaf Arkin氏により、Mavenの不安定さを改善する目的で開発された。内部でRakeを使っており、Rakeの機能は全て使えるようにしてある。また、Maven2と同じ記述形式(Convention)で、その機能を実現している。これにより、カスタマイズの容易性が大幅に改善されている。

⑧ Gradle：Gradle 1.0は2012年6月に公開された比較的に新しいツールで、記述言語はGroovyである。Mavenの機能を全て包含し、かつ、はるかに拡張性、柔軟性に優れていると評判である。Mavenの機能を引き継ぎながら、その難しさを解決すると期待されている。(iv)で詳しく述べる。

以上のように、ビルド・ソフトウェア構成管理ツールは、Makeに始まり、Ant、Mavenと発展し、基礎が固められた。AntとMavenは今なお主要なツールであり、デファクトスタンダードであるが、XMLベースであるため、記述が煩雑であり、カスタマイズしにくいとの問題があった。

この問題を解決すべく、RakeとBuildr はXMLをRubyで置き換えて、記述性とカスタマイズの容易性を改善したが、これらのツールはRubyプロジェクトではデファクトスタンダードになったものの、そのほかのプロジェクトでは普及しなかった。

新しいツールであるGradleは、記述言語を、Rubyと同様の動的スクリプト言語でありJavaとの親和性も高いGroovyとすることにより、これを解決しようとしている。カスタマイズの容易性を売り物にしており、今後の普及が期待されている。

(ii) Ant

Antは、XMLでビルド（ソフトウェア構築）のルールを記述するビルドツールである。このため、OSなど特定の環境に依存しにくいことを特徴としている。

Antでは、タスクと呼ばれる何種類ものXML要素をビルドファイル(デフォルトではbuild.xml)上に記述してビルドのルールを作る。主なAntタスクの例は次のとおりである。

・javac：Javaソースコードをコンパイルする
・javadoc：JavaソースコードからJavadocドキュメントを生成する
・java：Javaプログラムを実行する
・junit：JUnitを使ってJavaプログラムをテストする
・junitreport：JUnitで出力した結果を用いてレポートを生成する
・copy：ファイルをコピーする
・delete：ディレクトリやファイルなどを削除する
・mkdir：ディレクトリを作成する

Antとともによく使われるツールとしてApache Ivyがある。Ivyは、ライブラリの依存関係の管理に特化したツールである。Ivyでは、依存関係をビルドスクリプトに直接記述する代わりに、専用のファイルであるivy.xmlで記述する。具体的には、<info>タグでモジュール名を記述し、<dependency>タグでこのモジュールが依存するライブラリ名称を記述する。

このようにモジュールの依存関係を宣言しておけば、後はAntビルドファイルの任意の場所で<ivy:retreave>タグを記述することで、任意のディレクトリ配下に自動的に依存する（推移的な関連も含めて）JARファイルをダウンロードすることができる。

Ivyは、次に述べるMavenの多様な機能群のうちから依存性管理の部分だけを切り出して特化したツールと言える。Mavenがあまりにも複雑で荷が重いと感じる開発者に愛用されており、Springフレームワークプロジェクトにおいても Ant+Ivy が活用されている。

(iii) Maven[15]

Mavenはビルドツールにソフトウェア構成管理の考え方を取り入れた画期的なツールであった。4.2節で述べた変更歴管理がソースコード管理を主たる管理対象としたのに対して、Mavenではソフトウェア構成管理の考え方に基づき、ソースコードに限らずソフトウェアライフサイクル全体を管理する。

以下にMavenの特徴を挙げる。

① ソフトウェア構成管理のモデルであるPOM(Project Object Model)の考え方に基づき、ソフトウェア・プロジェクトのライフサイクル全体を標準化し、管理する。具体的にはpom.xmlによりプロジェクト情報およびソフトウェア構成を管理する。

② プロジェクトに関する標準のディレクトリ構成を持ち、その作成を容易化するとともに、理解しやすいものにしている。Antにおいて必要とされた長たらしいXML記述から解放される。

③ 小さなコア部分と大量のプラグインから構成されていて、このプラグインやライブラリは必要に応じて自動的にダウンロードされる。したがって、Mavenを使うにはネット環境が必要である。なお、Mavenを初めて起動するときには、これらプラグインやライブラリをネット経由でダウンロードするためにかなりの起動時間がかかる。

④ プロジェクトの作成からコンパイル、テスト、パッケージング、デプロイ（公開、配布）等のタスクについての統一したビルドプロセスを提供していて、これらに伴う繰り返し作業を容易化してい

る。また、プロジェクトおよびその成果物に関するレポート作成機能も提供している。

Mavenコマンドの例を以下に示す。

・mvn archetype:create：プロジェクトの作成
・mvn compile：コンパイル
・mvn test：ユニットテスト
・mvn javadoc:javadoc：Javadocの作成
・mvn site：サイトの作成
・mvn package：JARファイルの作成（パッケージング）
・mvn install：ローカルリポジトリへのインストール
・mvn deploy：リモートリポジトリへの配備
・mvn clean：プロジェクトのクリーン（削除）

すなわちMavenは、POMの考え方により、図4.5に示すようにソフトウェア開発のライフサイクル全体を管理する。

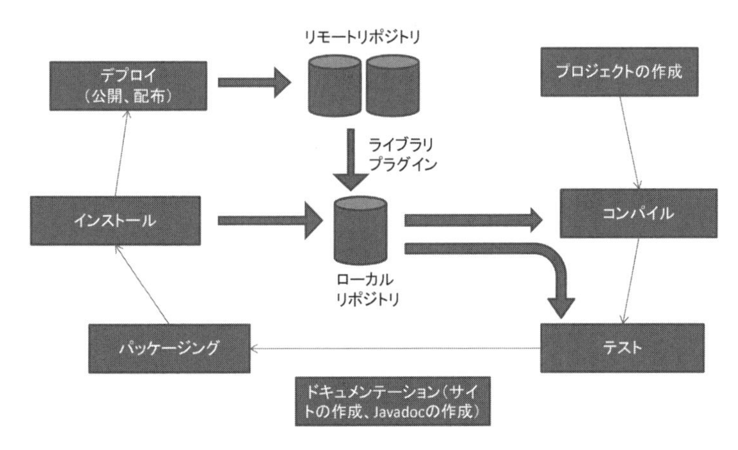

図4.5 POMの考え方によるライフサイクル管理（文献[15]より引用）

Mavenは、ソフトウェア構成管理を行うプロジェクト単位に定義される。プロジェクトは次の項目で定義される。

・id
・name
・organization

・package
・description
・repository
・mailingLists
・developers
・contributors
・licenses
・dependencies（依存関係のある要素を記述し、自動インストールするために利用される）
・build
・properties
・any element

Mavenは、プロジェクト構成管理ツールとして優れた機能を提供するが、次のような課題を抱えている。

① Mavenが提供する標準プロジェクト構成、POM構成、プロセス構成と異なることをしようとすると改造が困難である（逆に、Mavenはそれだけ「標準化を徹底しようとしている」とも言える）。
② カスタマイズを行う場合に、記述言語がXMLであるため記述が難しい（作業が確定してしまえば、XMLを意識する必要はない）。
③ 機能の多くがプラグインで実現されインターネット上からダウンロードする仕組みだが、不良が多い、デグレードが頻発する、設定パラメータが誤っているなど、品質が安定しないことがあった。すなわち、Mavenは仕掛けが大がかりであるため、全てを正しく設定するために手間がかかる。逆に、この困難を超えた後は、多くのメリットが得られる。

(iv) Gradle[16]

Gradleは、スクリプト言語Groovyを用いてビルドスクリプトを記述するビルドツールで、次のような特徴を持っている。

① JavaVM上で動作する。
② Mavenと同様にPOMに基づき、プロジェクトのライフサイクル全体をカバーしている。

③ビルドスクリプトをGroovyのDSL (Domain Specific Language)で簡潔に記述することができる。また、DSLで記述が困難な部分はGroovyを用いて、カスタマイズができる。Groovy自身は、Javaの知識があれば簡単に習得できる(Groovy ≒ Java + Ruby)。

④多様な関連ツールと連携するためのプラグインが用意されている。

⑤Mavenのリポジトリを利用することができる。また、Antの資産をそのまま活用することができる。

以上のように、GradleはMavenを超える機能を持ちながら、それをカスタマイズする場合にはMavenよりも柔軟に対応できる。

Gradleの作業単位はタスクと呼ばれており、標準的なタスクとして表4.1に示すものが用意されている。

表4.1 Gradleの標準タスク（文献[17]より引用、一部改変）

タスク名称	説明
assemble	コンパイルを実行しJAR、WAR、ZIP、TARファイルなどを作る
build	assemble後にテストを実行する
buildDependents	そのプロジェクト"が"依存するプロジェクトを含めbuildを実行する
classes	メインクラスをassembleする
clean	成果物(buildディレクトリ配下)を削除する
compileJava	プロダクトのコンパイルを行う
compileTestJava	テストコードをコンパイルする
jar	メインクラスを含むJARファイルを作成する
processResources	プロダクトのリソースをクラスディレクトリにコピーする
processTestResources	テストリソースをテストクラスディレクトリにコピーする
testClasses	テストクラスをassembleする
uploadArchives	成果物をアップロードする
check	testを含む検証タスクを実行する
test	ユニットテストを実行する
javadoc	Javadocを生成する
dependencies	プロジェクトが利用するライブラリを表示する
help	ヘルプメッセージを表示する
projects	サブプロジェクトを表示する
properties	プロジェクトのプロパティを表示する
tasks	実行可能なタスクを表示する

表4.1に示した主なGradleタスクの相互依存関係を図4.6に示す。このような依存関係に基づきgradlebuildを実行すると、櫃要なタスクが次々に実行され、ビルドが完了する。

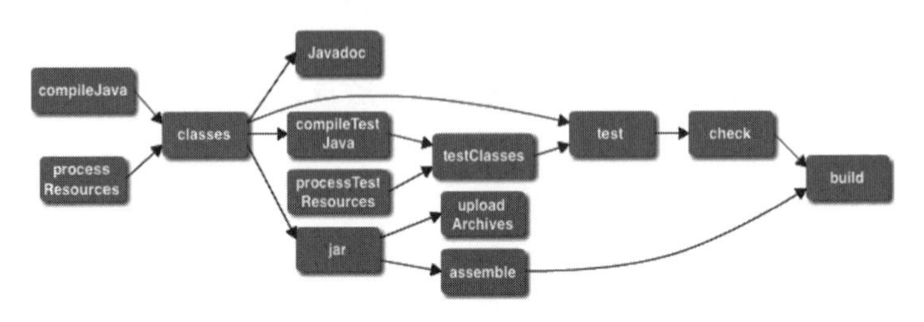

図4.6 Gradleタスクの相互依存関係(文献[18]より引用)

(3) 自動化に当たっての留意事項

ビルドおよびソフトウェア構成管理を自動化するに当たっては、以下の配慮が必要である。

①コマンド一つでビルドを実行する。

②複数環境へのデプロイに対応する。

③ビルドスクリプトをIDE(開発支援環境)から分離する(IDE非依存にする)。

④ソフトウェア資産を集中管理する(全ての資産をPOMリポジトリ配下で管理する)。

⑤一貫したディレクトリ構造を作る。

⑥失敗しやすいビルドプロセスから始める(例えば、変更したソースコードのコンパイルから始める)。

⑦ビルド・構成管理の自動化は手間のかかる仕事であるが、いったんプロジェクトとしてそれを確立してしまえば、極めて効果が大きい。

⑧ビルド・構成管理専用マシンを用意し、使用する(ビルドマシンは他の目的で使わせない)。

4.4 CI

本節では、アジャイル開発を進める上での基本的な作業要素であるCIについて説明する。

(1) CIとは何か

ソフトウェアを構成する部品群を変換して結合することを、ビルドまたは統合(integration)と呼ぶ。個々の部品を作成・変更することと、これらを統合するタイミングは必ずしも一致しない。部品の作成、変換とソフトウェア全体としての統合は、当初は別の作業として扱われてきた。これを常に同じタイミングで行う、すなわち部品を作成・変更したら必ず統合し、さらにはその結果が正しいことのテストも実施することを「CI(Continuous Integration、継続的統合)」と呼ぶ。

統合時のエラーをできるだけ早く検出できるように、テストを含め、CIにおける作業の大部分は自動化されている。これにより、作業の正確性を高め、作業効率を上げ、失敗に迅速に対応し、フィードバックすることができる。

システムインテグレーション作業は、失敗しがちな難しい作業とされている。CIは、「つらい仕事をこなすコツは、それを小さく分けて、頻繁に行うこと」という考え方を徹底するものである。そして、この考え方は、アジャイル開発と相性が良い。

(2) CI作業の進め方

CI作業の進め方は、次のとおりである。まず、全ての開発者は自分の作業環境上でプライベートビルド(個人単位のビルド)を実行し(最低1~2回/日)、それが正しく行われたことを保証する。そして、これをCI用のバージョン管理リポジトリにコミットする。このとき、プライベートビルドで失敗したものは、決してコミットしてはならない。

CIは、専用マシン上で数回/日、またはコミットがあるたびに、自動的に実行される。CIのための統合ビルドは、短時間（例えば、5分以内）で実行されなくてはならない。

また、CIでは、そこに組み込まれた確認テスト（リグレッションテスト）の100%成功が必須なので、失敗の可能性を見込み、コミットは帰宅の1時間以上前に実施するべきである。失敗した場合は、その修復は最優先事項（例えば10分以内）として処理すべきである。

(3) CIサーバの動作環境

CIサーバは、ソースコード変更管理ツール、ビルドツール、リグレッションテストツール他と連動する。図4.7に示すように、開発者は各々がプライベートビルドを実行、結果が正しいことを確認した上でバージョン管理リポジトリに変更をコミットする。CIサーバは、これを監視していて、ビルド他のプロセスを実行する。

なお、CIサーバマシンは他の用途との混用を避け、専用のものを用意する。これは、誤使用による影響を受けてはならないからである。

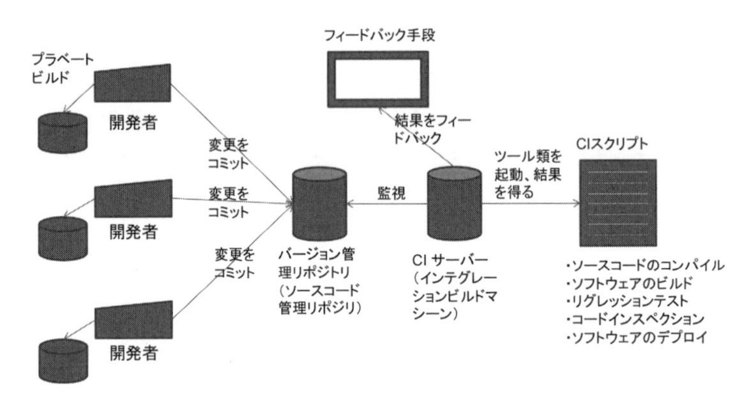

図4.7 CI サーバの動作環境（文献［19］より引用）

(4) CIによる自動化の意義

CIは、技術的な改革だけでなく、以下に挙げるような文化的な変革をもたらす。

①手作業を減らし（自動化）、思い込みを減らすことで、リスクを軽減する。

②不具合な点をすぐに検出してくれるので、そのソフトウェアについての信頼を深める。これにより、ソフトウェアを常に健康に保つことができる。

③ビルドステータスをメールで転送したり、コードインスペクションによる品質メトリックスを表示したりすること等で、プロジェクトの可視性を高める。

④上記③の結果を、そのソフトウェアの改良に活用できる。具体的にはリファクタリング作業で利用する。

⑤CIサーバが“Tools Manager/Integrator/Executer”として働く。これにより個別ツールの自動化とツール群連携に加えて、ツール群反復型連携・管理情報可視化（見える化）の観点からツール群を有機的に統合し、より高度な自動化を実現する。

(5) CI連携ツールチェイン

(4) で述べたように、CIは複数の自動化ツールを連携させ、それにより高度の自動化ツールチェインを実現する。結果として標準化が徹底され、自動化の範囲が拡大する。CIにより連携される自動化ツールの典型例は次のとおりである（図4.8参照）。

①ソースコードのコンパイル

②ソフトウェアのビルド

③テストおよびリグレッションテスト

④コードインスペクション

⑤ソフトウェアのデプロイ

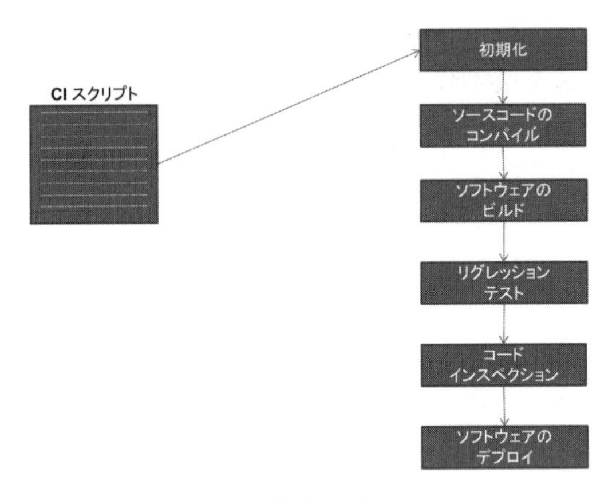

図4.8 CI連携ツールチェイン

(6) CIサーバ(CI支援ツール)の例

CIサーバ(CI支援ツール)には、以下のようなものがある。

①CruiseControl：ThoughtWorks社のCIサーバである。2001年にOSSとして公開され、広く普及した。CIサーバの源流とも言うべきツールである。

②AnthillPro：Urbancode社製のCIサーバである。2001年に初出荷され、その後クラウドシステムを対象にCI/CDツールの拡張を続けた。Urbancode社は2013年にIBM社に買収され、同社のクラウド戦略の中に組み込まれた。

③Jenkins：2004年にSun Microsystems社の川口氏らが開発した、OSSのCIサーバである。第2世代のCIサーバを標榜し、使いやすさから広く普及した。Subversion等のバージョン管理ツールや、Ant、Maven等のビルドツールと連携しており、日本語化も徹底されている。(7)で詳しく述べる。

④BuildHive：GitHub上でのサービスとしてJenkinsの機能が使える。川口氏(Jenkinsの開発者)が所属するCloudBees社の製品である。

⑤Rational BuildForge：IBM社の大規模アジャイル開発向けCIツールである。分散ビルド、テスト、デプロイ機能を持つ。

2001年に初リリースされた。

⑥TFS(Team Foundation Server)：Microsoft社の大規模ソフトウェア開発向けの統合環境である。アジャイル開発用CIサーバ機能を含んでいる。

⑦CircleCI：GitHub専用のCIサービスである。GitHubとの連携が優れていることから、急速に普及しつつある。(8)で詳しく述べる。

(7) Jenkins[20-23]

(i) Jenkinsの特徴

CruiseControl等を第1世代のCIツールとすると、Jenkinsは第2世代のCIツールを標榜しており、次のような長所を持っている。

①ユーザインタフェースが全てGUIインタフェースであるため、使いやすい。

②インストール、セットアップが容易である。

③多様なプラグインが用意されており、拡張性に富んでいる。

④開発者が日本人の川口氏であることから、日本語対応に優れ、日本人が使いやすい。

(ii) Jenkinsを使ったビルドの手順

Jenkinsを使ったビルドの手順は、以下のとおりである。2.以降では、フリースタイルのビルドについて説明する。

1. ビルドジョブの種類を、次の3つから選択する。
   ①フリースタイルのビルド：ビルドの内容を自由に設定する。
   ②Mavenプロジェクトのビルド：MavenのPOMに従ってビルドする。
   ③マルチ構成プロジェクトのビルド：同一のビルドおよびテストを複数の異なる環境で行うように設定する。
2. ビルドジョブを設定する。名称だけでは、後で何のためのビルドであったか思い出せなくなるので、説明にコメントを書くことが大切である。

3. バージョン管理システムを設定する。CVS、Subversionは標準サポートされているが、Git等その他のツールを使う場合は、各々に対応するプラグインが必要である。
4. ビルドトリガを設定する。次の3つのうちいずれかを選択する。
   ①一定時間間隔でコミット有無をポーリングする。CVSでは、負荷が重く、Subversionでは軽い。
   ②変更がコミットされるたびに起動する。なお、そのためのフックが必要である。
   ③定期的に実行する。
5. ログを保存する。ビルドの失敗等の原因追跡のために、ビルドのログを保存する必要がある場合は、それを指定する。
6. 次のいずれかのビルド手順を設定する。複雑な場合は、ビルド手順そのものをバージョン管理する。
   ①ビルドスクリプトを直接に書く。
   ②AntやMaven等のビルドツールを使う。
7. ビルドの後処理を行う。ビルド結果を開発者にメールでフィードバックする。ただし、あまりに多くの関係者に知らせると、狼少年扱いされて読まれなくなってしまう。また、テスト結果の集計と表示を行う。

(iii) Jenkinsによるビルド作業の分割と並行処理

Jenkinsを用いると、ビルド作業とその関連作業を分割し並行処理することが可能となる。そして、それらの作業間の連携も実現できる。手順は以下のとおりである。

1. ビルドとテストを分離する。ビルドが完了後、その成果物を引き継いで、テストを自動起動するようにする。
2. ビルド自身を複数のプロジェクトに分割する。Jenkinsは、複数プロジェクトのビルドを並行処理することが可能である。
3. テストを分割して、並行処理および順次処理する。
4. 複数のコンピュータで分散処理する。この場合、Jenkinsは、マスタースレーブ方式をとる。ジョブの起動には、マスター起動方式とスレーブ起動方式の2種類がある。

(8) CircleCI

(i) CircleCIの特徴

(7)で述べたJenkinsは第2世代のCIツールを標榜し、現在(2019年)におけるCIツールのデファクトスタンダードの地位を占めている。世界中で最も多く使われていて、数多くの関連アダプターが開発されている。

一方、CircleCIは、Jenkinsに対抗する新しいCIサービスであり、第3世代のCI手段として急成長しつつある。Jenkinsがツールであるのに対し、CircleCIはGitHubサービス専用のCIサービスである。したがって特別なセットアップは不要で、起動するだけでよい。

また、Jenkinsは極めて汎用的に作られており、非常に応用範囲が広いものの、使用するには一定の知識と準備が必要とされる。しかし、CircleCIではこのようなことは一切不要であり、参入障壁が低い。ただし、CircleCIを用いながら独自の機能を入れ込もうとすると、それなりの工夫が必要である。

(ii) CircleCIを使ったビルドの手順

CircleCIでは、コンテナの中でビルドやテストを実行する。手順は以下のとおりである。

1. circle.ymlに、YAML形式でビルドスクリプトを記述する。YAML (YAML Ain't a Markup Language)形式は、直観性が高く極めて分かりやすい記述形式である。
2. ソースプログラムの変更差分をGitHubサービスにpushする。これにより、circle.ymlに記述されたビルドスクリプトが実行される。

(iii) CircleCIの課金方式

1コンテナを使う限りは、CircleCIのサービス料は無料である。ただし、1,500分/月以上は使用できない。追加コンテナは、1つ当たり$50/月である。この追加コンテナについては、使用時間の制限はない。

コンテナが1つしかない場合、ビルドジョブはそのコンテナ内でシリアルに行われる。複数のコンテナがあれば、コンテナ数分の並行処理が行われる。

4.5 コード分析・評価

作成されたソフトウェアの正しさを検証する手段としては、実際にそのソフトウェアを動作させて検証する「動的テスト」と、ソフトウェアそのものは動作させず、ソースコードを静的に分析・評価して不良およびその可能性がある部分を指摘する「静的テスト」がある。静的テストは、不良そのものだけでなく、それを生み出すコード品質上の問題点を摘出することから、動的テストを補完する強力な役割を持っている。

(1) コード分析・評価とリファクタリング

単体・コンポーネントテストにより正しく動作することが確認されたモジュールやコンポーネントに対して、夜間や週末にコード分析・評価ツールを使って、その内部構造の妥当性を評価する必要がある。このコード分析・評価作業を、プログラムを動作させずに評価することから「静的テスト」と呼ぶこともある。

そして、コード分析・評価結果に基づき、リファクタリング(refactoring)を行う。リファクタリングとは、外部から見たプログラムの振る舞いを変えずに、後からの理解や修正を容易にするべく、プログラムの内部構造を改善することである。初めから優れた内部構造を作り込むことができるのが望ましいが、作ってみて、実物を見てから問題点に気がつくことは少なくない。すなわち「リファクタリングとは、フィードバック型設計、進化型設計である」と言うこともできる。

(2) アジャイル開発とリファクタリング

アジャイル開発において、リファクタリングは欠かすことのできない作業項目である。なぜなら、アジャイル開発の本質は循環型・繰返し型開発であり、ソフトウェアは常に変化していくものと捉えるため、リファクタリングによる段階的構造改良が必須だからである。

また、アジャイル開発においては、設計ドキュメントの量を極力、削減し、必要な情報をソースコードおよびテスト仕様に集約させる。したがって、それらが読みやすく、保守しやすいものになっていなくてはならない。この、ソースコードおよびテスト仕様の分かりやすさの改善作業においても、リファクタリングが必須となる。

(3) リファクタリング実施上の注意事項

リファクタリングを実施する上で最も大切なことは「ステップバイステップ」で、一歩一歩を着実に進めることである。以下の点に留意する。

① 2つ以上の修正を一度に行わない。

② 後戻りしやすいように進める。

③ ステップごとにその正しさを確認する(自動再テストなしにリファクタリングなし)。

④ 古いものを新しいものに取り変えていく。なお、古いものを壊して新しいものにするのではなく、新しいものができて動いたら、古いものを壊す、と考える。

(4) コード分析・評価ツール

(i) コード分析・評価ツールの分類と代表的ツール

コード分析・評価ツールは、その役割により次のように分類できる。

また、各分類についての代表的なツールを示す[*1]。

① 標準コード規約チェッカー：コードが標準的なコード規約に従っているかをチェックする。
- CheckStyle（Java用、ルール数120。(ii)参照。）
- PMD（Java用、ルール数240。(iii)参照。）
- FindBugs[*2]（Java用、ルール数300。(iv)参照。）
- Jtest（Java用、ルール数1,000）
- DevPartner（.NET用、ルール数340）

② ソースコードの共通部分の抽出ツール：コードの共通部分を抽出して、共通モジュール化を推奨する。
- PMD-CPD(Copy and Paste Detector)
- Simian(Similarity Analyzer)

③ モジュール間の相互関係分析ツール：モジュール間の相互依存関係を分析する。
- JDepend（Java用。(v)参照。）
- NDepend（.NET用）
- CAP（Code Analysis Plugin）（(v)参照。）
- Understand（テクマトリックス社商用ツール）

④ ソースコードの複雑度評価ツール：ソースコードの複雑度CCN(cyclomatic complexity number)を数える。
- Eclipse Metrics Plugin（Frank Sauer）（(vi)参照。）
- Eclipse Metrics Plugin（Team in a Box）
- JavaNCSS（(vii)参照。）
- CCMetrics

⑤ テストカバレッジ評価ツール：テストカバレッジ[*3]およびテスト未実行コードを表示する。
- Cobertura（(viii)参照。）
- Eclips djUnit
- EclEmma

＊1 CheckStyle、PMD、FindBugsはOSS、Jtest（Parasoft社　製）、DevPartner（Compuware社製）は商用ソフトである。
＊2 FindBugsは、ソースコードではなくコンパイル結果を分析する。
＊3 テスト実行済みのコード比率。

(ii) CheckStyle

Checkstyleでは、Sun Microsystems社（現Oracle社）が定めたコード規約に従っているかどうかをチェックする。これに続く多数のコード分析・評価ツールにより参考とされた、標準規約チェックツールの源流と言うべきツールである。*4

CheckStyleがチェックする標準コード規約の代表例を以下に列記する。

- Javadocコメント
- 命名規則（クラス名、変数名等をチェック）
- ファイルヘッダー
- Import文
- 空白
- 修飾子
- ブロック
- コーディング上の問題（バグを生み出しやすいコーディングをチェック）
- クラスの設計
- J2EE
- その他の問題

CheckStyleの標準機能をそのまま使うと、Sun Microsystems標準コード規約の全てが自動チェックされてしまう。これにより、例えば、初心者があらゆる観点からの膨大な量の指摘を受け、茫然自失となる事態を招きかねない。そこで、プログラマのレベルに応じてどのようなチェックを行うかという方針をプロジェクトとして予め定め、CheckStyleで自動チェックする項目を絞っておくことが大切である。

また、CheckStyleではカスタムルールの追加を可能としている。例えば、命名規則についてプロジェクト固有のルールを正規表現で記述して、追加することができる。

以上のような点に留意すると、CheckStyleを上手に活用することができる。

*4 原文：http://java.sun.com/docs/codeconv/html/CodeConvTOC.doc.html

(iii) PMD

PMDは、標準コード規約だけでなく潜在的なバグをチェックする。例えば、DBへのコネクションオブジェクトを使用したら必ずクローズメソッドが呼ばれなければならないなど、バグを誘発する可能性が高いコードをチェックしてくれる。

PMDがチェックする標準コード規約の代表例は、以下のとおりである。

- 基本ルールセット
- 名前付けに関するルールセット
- 未使用コードに関するルールセット
- 設計に関するルールセット
- インポートステートメントに関するルールセット
- JUnitテストに関するルールセット
- ストリングに関するルールセット
- カッコに関するルールセット
- コードサイズに関するルールセット

(iv) FindBugs

FindBugsは、ソースコードではなくコンパイル後のバイトコードを分析する。これにより、次のような特徴を持つ。

① ソースコード分析では指摘できないような、より高度な視点からバグの可能性を指摘する。これらの機能はプログラマの教育にも役立てることができる。指摘は次のように分類される。
- 正確性：明らかなコーディングミス、バグの可能性
- 良くない習慣：推奨されるコーディング規範からの逸脱
- 回避可能：誤解を与えやすいコード、間違いを招きやすいコード
- 実行効率：実行効率が悪くなる可能性
- 脆弱性：信頼されないコードからの攻撃を受けやすいコード
- マルチスレッド環境での正確性：スレッド、ロックなどに関する欠陥
- 国際化：国際化、ロケールの扱いに関する欠陥

② 検出したいバグパターンを選択することができる。

③ チェックしたいコードパターンをカスタマイズすることができる。

(v) JDepend, CAP

JDependおよびCAPは、クラス間の相互依存関係を分析して、下記のメトリクスを算出する。これにより設計の妥当性を評価する。

- CC(Concrete Class)：パッケージに含まれる具象クラスの数
- AC(Abstract Class)：パッケージに含まれる抽象クラスの数
- Ca(Class afferent)：パッケージ内のクラスに依存するパッケージ外のクラスの数
- Ce(Class efferent)：パッケージ内のクラスが依存するパッケージ外のクラスの数
- A(Abstractness)：パッケージの抽象度　AC/(AC+CC)
- I(Instability)：パッケージの不安定性　Ce/(Ce+Ca)
- D(Distance from the Main Sequence)：A+I=1となる主系列線からのパッケージの距離。抽象度と不安定性のバランスを表す。
- Cycles!：依存関係が循環していることへの警告

(vi) Eclipse Metrics Plugin

Eclipse Metrics Pluginには、Eclipse Metrics Plugin(Frank Sauer)とEclipse Metrics Plugin(Team in a Box)の2種類がある。前者は計測するメトリクスの種類が豊富であること、後者はレポート機能に優れていることに特徴がある。

Eclipse Metrics Pluginが計測するメトリクスは次のとおりである。これらのメトリクスに上限値を設定し、それを超えた場合には警告が出せるようにできる。また、当ツールでは、これらのメトリクスの計測結果を表やグラフの形式で分かりやすくレポートする。

- CC(Cyclomatic Complexity)：メソッドのサイクロマティック数
- LOCm(Lines of Code in method)：メソッドのコード行数(コメント行、空行を含む)
- NOL(Number of Levels)：メソッド中の最大ネスト数
- NOP(Number of Parameters)：メソッドのパラメータ数
- NOS (Number of Statements)：メソッドのコード行数（コ

メント行、空行は含まない)
- Ce(Efferent Couplings):計測対象のクラスが参照している他のクラスの数
- LCOM-CK (Lack of Cohesion in Methods: Chidamber & Kemerer):クラス中のメソッドの凝集性の欠如の度合い (Chidamber & Kemererの定義)
- LCOM-HS (Lack of Cohesion in Methods: Henderson-Sellers):クラス中のメソッドの凝集性の欠如の度合い (Henderson-Sellersの定義)
- NOF (Number of Fields):クラス中のフィールド数
- WMC (Weighted Methods Per Class):クラス中の全てのメソッドのサイクロマティック数(CC)の和

(vii) JavaNCSS

JavaNCSSは、Javaのソースコードをスキャンして次の指標を計測し、レポートする。これらの指標は、全体、クラスごと、機能ごとに計算される。

- NCSS (Non Commenting Source Statements):コメント行を除いたソースコード行数
- 循環的複雑度CCN*5 (Cyclomatic Complexity Number (McCabe metric))
- パッケージ数、クラス数、内部クラス数、機能数
- クラスごと、メソッドごとのJavadocコメント数

(viii) Cobertura

Coberturaはスペイン語で、英語のcoverageを意味する。このツールは、JUnitなどによるテストの実行経路をソースコードと対応させて、どこの部分が実行され、また実行されていないかを追跡・表示する。

テストカバレッジは、命令の実行状況と分岐の実行状況の両面から

*5 循環的複雑度CCNは、一般に次のように評価される。
CCN=1-10:シンプルで、リスクが小さい関数、11-20:中程度の複雑さとリスクの関数、21以上:複雑、リスクが高い関数

分析される。そして、それらのカバレッジ指標が図4.9に示すような表形式で報告される。

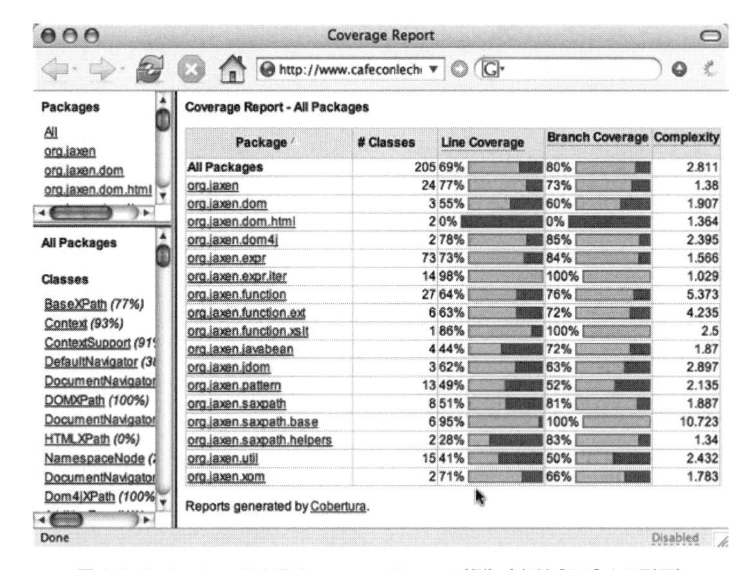

図4.9 CoberturaによるCoverage Report（例）（文献［24］より引用）

第5章 テスト支援

本章ではテストの自動化を中心にしたテスト技術全般について広く解説する。まずテスト戦略について考え、テスト自動化が必要とされる背景を考察し、これに基づき推進すべき施策を検討する。その後、テスト作業の詳細について説明する。具体的には、単体テスト、機能テスト、GUIテスト、BDDテスト、システムテスト、リリーステストについて解説していく。

5.1 テスト戦略

本節ではテスト戦略について検討していく。そして、関連するテスト作業の測定と分析、テストの組み立て(テスト構造ピラミッド)、テスト作業のライフサイクルについて考察する。

(1) テスト自動化を必要とする背景

いまや、ソフトウェアのテストを実施する際に自動化は欠かせない。その理由は以下のとおりである。

① ビジネスや技術革新の加速化に伴いテスト期間の短期化が強く要求されており、テスト自動化が必須になっていること。近年では、特にウェブ、スマートフォン、エンベッディッドシステムにおいてGUI(Graphical User Interface)を持つソフトウェアの比率が急増しており、GUIベースのテストの自動化の重要性が増している。

② ITサービスの重要性が増すとともに、テストとサービスの運用を一体のものとして捉えるDevOps(Development &

Operation)の考え方が浸透し、そのための自動化技術が重視されてきたこと。

③ コンプライアンスの観点からテスト証跡が求められること。テスト証跡とは、該当するテストが、実際に行われたことの証跡を設計情報との対応の形式で求められることをいう。そしてこのための技術としてBDD(Behavior Driven Development)への要請が高まってている。

(2) テスト自動化とともに推進すべき施策[25]

テスト自動化は単独で進めても効果がない。次の施策と組み合わせて推進する必要がある。

① 個々のテストを小さなものにする。

② テストの相互依存性を減らし、独立性を高める。テストの順番を変更し、部分的に実行してもテスト効果がなくならないようにする。

③ テスト内容が数値や変数に依存する場合は、これらを変数名で表現し、テスト本体の外側から変数名を代入するようにする。

④ 開発で一時的に使われるものではなく、サービスの運用期間を通じて繰り返し利用されることを前提にしてテストを作成する。

⑤ ④の実現のためには、テストが読みやすく、機能、運用条件との対応が明確になっている必要がある。そのために、機能、モジュール、テストケースの間の対応付けが自動化できる運用規則を整える。

⑥ サービスが本格運用に入ってからのテスト所要時間について見通しを立てておく。必要であれば並列テストによる時間や、ボトルネック部分の改善を図る。

また、次の観点から測定・分析して、テスト作業、テストプログラム、テスト自動化ツールについての妥当性を検討すべきである。すなわち、テスト作業の実態を常に分析し、改良していくことが大切である。

① テストプログラムの作成時間

② テストプログラムの実行時間、実行本数

③ テストプログラムの成功率、失敗率
④ 不良検出件数
⑤ 不良修正までの所要時間
⑥ テストカバレッジ

(3) テスト構造ピラミッド

テスト作業は、小さな単位のテストから始めて順次大きな単位へと組み上げていく。テスト自動化技術もこれに対応していく必要があり、図5.1に示すテスト構造ピラミッドが形成される。それぞれのテスト単位の内容は、以下のとおりである。

① 単体テスト：システムの内部構造に基づく最小単位でのテストと、コードの分析・検証を行う（静的テストともいう）。これらにより、不良を早期に検出できる。このテストは、「内部仕様に基づくテスト」ということができる。単体テストでは他のモジュールの呼び出しや入出力は行わずにシミュレーションされ、実行時間は短い。
② 機能テスト（APIテスト）：システムを外部から使う観点でテストを行う。
③ GUIテスト：GUIの妥当性を含めた機能テストを行う。
④ BDDテスト：仕様をbehaviorの形式で記述してテストを行う。
⑤ システムテスト：システム全体の特性としての、ユーザビリティ、セキュリティ、性能等についてのテストを行う。
⑥ リリーステスト：顧客が実際に使用する実システム環境下、またはそれと全く同等の環境下でテストが行われる。すなわち、システム環境自体とソフトウェアとの整合性もテストの対象となる。

②～④のテストは、システムの「外部仕様に基づくテスト」と位置づけることができる。また、上記のうち、①～④は100％自動化する。⑤⑥については、一部に手作業が入るが、極力自動化することが望ましい。

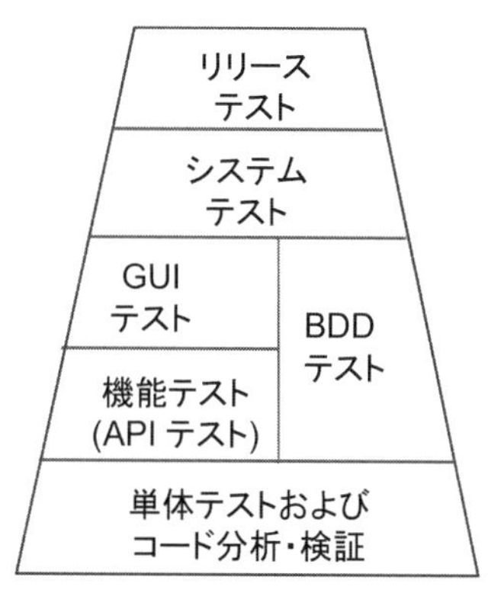

図5.1 テスト構造ピラミッド

(4) テスト作業のライフサイクル

一言でテストといっても、その内容は次のような複雑なライフサイクルで構成されている。テスト自動化を推進するに当たっては、テスト作業のライフサイクルのどの部分を自動化するのかを明確にしなければならない。

① テスト仕様(テストケース)の作成：設計仕様に基づきテスト仕様を作成し、文書化する。

② テストデータの作成：十分なテストカバレッジを実現するテストデータを作成する。

③ テスト実行順序の決定：テストの相互依存関係を考慮に入れてテスト実行順序を決定する。

④ テスト環境の作成：テスト実行に必要とされる環境を作成する。初期設定、未作成モジュールのスタッブの作成、関連サービスの仮想化などを準備する。

⑤ テストの実行：テストを実行する。③に基づいて、繰り返し実行、連続実行、条件付き実行などを指定できる必要がある。

⑥ テスト結果の検証：期待するテスト結果が得られているかどうかを自動検証する。

⑦ 不良の分析・管理：期待するテスト結果が得られなかった場合に不良の原因を分析し、修正する。また、その経緯を管理する。

⑧ テスト進捗状況の管理：テストの実行状況、合格状況、不良の検出・修正状況等、テストの進捗状況を管理する。

5.2 単体テスト支援

本節では単体テスト支援について解説する。

(1) 単体テストとは

単体テストは、ソフトウェアの内部構造上の最小単位である「単体モジュール」に対するテストである。したがって、内部構造・内部仕様面からのテストと言える。プログラムコードを新規に開発した場合、あるいは改造を加えた場合に、その正しさを検証するための基本的なテストであり、新規開発あるいは改造したコードが、それに対応するモジュール単体、あるいはコンポーネントと直接的に関連付けられる。したがって、このテストにより、不良の早期検出が期待できる。

オブジェクト指向が基本となっている現代において、「単体」とは具体的には、「クラス」、「オブジェクト」を指す。単体テストはテスト構造ピラミッドの最下層に位置づけられ、ソフトウェアの最小構成要素の品質を保証する大切な役割を果たす。実行時間が短く、コンピュータリソースの消費量が少ないので、テスト可能なものは極力単体テストを実施するべきである。

単体モジュールはそれ単体では動作しないので、単体テストを実行するためには、xUnit等のテスティングフレームワークや関連モジュールをシミュレートするMock等のテスト環境が必要になる。このテスト環境を準備することは容易ではない。現実には、JUnit等のデファクトスタンダードを利用している例が多い。

なお、単体テストと後述するTDDは同一のものとして議論されることが、多いが本来は別の概念である((2)参照)。

(2) TDD[26, 27]

(i) TDDとは

TDD (Test Driven Development、テスト駆動開発) は、テストを主体としたソフトウェア開発法である。テストを先に記述し、それに合格するようにコードを開発する。その手順を図5.2に示す。また、次の2つがキーワードである。

① Red/Green/Refactor：最初はテストだけなので不合格だが(赤)、コードを書いてテストに合格し (緑)、そしてそれを磨いてきれいにする (リファクタリング)。

② Test a little/ Code a little/ Refactor a little (少しずつ着実に進む)：テストは繰り返し実施する必要がある。したがって、テストの自動化が必須である。

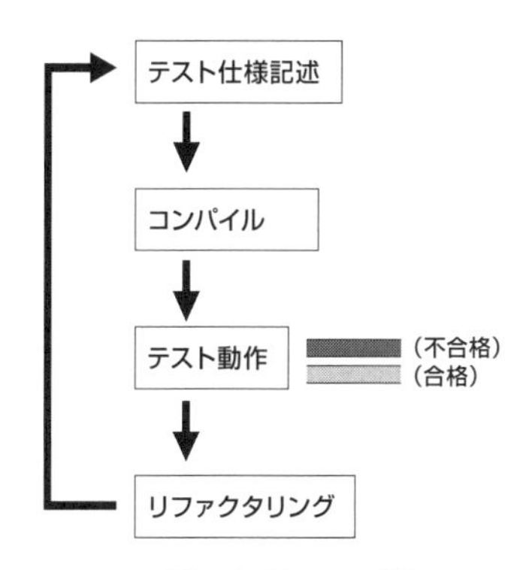

図5.2 TDDの手順

(ii) TDDとXP

TDDは、アジャイル開発技法XPの一部として、Kent Beckらによって開発された。TDDを実践するためのテスティングフレームワークとしてSmalltalk用のSUnitが開発され、これがJava向けのJUnitに改造されるなど、各言語対応のxUnit (xには各言語対応の文字が入る) が開発された。なお、XPにおいては、単体テストは次のように行われる。

1. 単体の機能をユーザストーリー形式でカードに記述する
2. これに基づきxUnitを使ってテストを記述する
3. このテストに合格するようにプログラムコードを作成する

このように、XPにおいては「テスト（テスト仕様、実行法）記述＝プログラム仕様記述」となっており、単体テストの概念とTDDの概念が混在していている。xUnitは両方の目的で使われるデファクトスタンダードになっている。

(iii) TDDの課題

「TDDの皮肉は、それがテスト技法でないことである」と言われる。TDDはテスト技法と誤解されることがあるが、開発技法である。これに対して次のような批判がある。

① 本来「テスト」とは、開発作業全体の一部の作業を示すものであり、それが開発の主体となることに抵抗がある。TDDは、1. テスト、2. コーディング、3. リファクタリングの順序で行われ、設計がリファクタリングで代替されて一番後になっている。
② TDDの考え方は単体テスト作業の改善とともに生まれてきており、テストがコードの内部構造に強く依存することになる。このため、内部構造が大きく変更されると、テスト自身も大きく作り直さなくてはならない。

これらの批判には、BDD（5.5節参照）による対応が期待されている。

(3) xUnit

(i) xUnitによる効果

xUnitは単体テスト用のフレームワークとして位置づけられ、次のような効果をもたらす。

① 単体テスト作業を標準化する。
② ①の結果として、作業環境、作業手順、関連ツールを作業者間で共有可能とする。また、保守性を向上させる。
③ ソースコードとテストコードを分離する。

④ 回帰（regression、デグレード防止）テストを自動化する。
⑤ 他のツールとの連携を容易にする。例えば、Eclipse配下のツールとして次のような連携を可能とする。
・機能テスト支援ツール配下の一機能として起動される
・Ant、Maven等のビルドツールから自動起動される（デグレード防止テストの自動起動）。
⑥ テスト仕様により動的仕様を強く意識するために、正確なプログラムコードが作成される。

(ii) xUnitの構成

xUnitは、次の部分から構成される。
① テストコンテキスト：テストを実行、成功させるための前提条件の集合。テストフィクスチャとも呼ばれる。
② テストスイート：同じテストコンテキストを共有するテストの集合。
③ テストの実行環境：テストのための環境を準備し、テストを実行し、実行後の環境を実行前のクリーンな環境に戻す。
④ アサーション（表明、検証）環境：テストの成否を確認する。

(iii) xUnitとともに用いられる他の単体テスト支援ツール

xUnitは、単独ではなく次のようなツールと連携しながら実行される。
① EasyMock、jMock：モックオブジェクトを作成する。
② DbUnit：データベースアクセスを伴う単体テストを支援する。
③ HttpUnit：HTTP通信をエミュレートする。
④ Selenium、Jameleon：GUIのテストを支援する。テストの実行はxUnitで行うがその準備作業や後処理作業は別のツールが分担することが少なくない。Seleniumの詳細は5.4節で解説する。

(iv) xUnitを使ったテストの秘訣

以下に、xUnitを使ったテストの秘訣を挙げる。
① 少しコーディングしたら、少しテストを行う。
② できるだけ頻繁にテストを行う（少なくともコンパイル回数以

上)。

③ 1日(1晩)に1回は、全てのテストを実行する。

④ 最も危険だと思っている個所から先にテストを行う。

⑤ テストへの投資の収益が最大になるようにテストを書く。

⑥ 機能を追加するときは、最初にテストを書く。

⑦ デバッグをしていて、system.out.println()を使ってデータをプリンタ出力しているようなら、代わりにテストケースを書く。

⑧ バグが報告されたら、それが見つかるようなテストを書く。

⑨ 誰かにデバッグの協力を頼まれたら、テストを書いて協力する。

⑩ 全てのテストにパスしていないソフトウェアを配布しない。

(v) JUnit4.0のアノテーション機能

現在、最も用いられているJUnitのバージョンは、JUnit4.0である。JUnit4.0で新たにサポートされたアノテーション(annotation)機能は、テストを効率よく実行する上での効果が大きい。アノテーションとは、テストメソッドにメタデータを注釈の形で付与することであり、次のような指定ができる。

@Test：そのメソッドがテストメソッドであることを示す。従来のJUnitにおける、メソッド名がtestで始まるメソッドと同様である。

@Before：@Testアノテーションが付いたメソッドを実行するたびに、事前に実行される。以前のsetup()メソッドと同様である。

@After：@Testアノテーションが付いたメソッドを実行するたびに、後から実行される。以前のtearDown()メソッドと同様である。

@BeforeClass：このアノテーションが付加されたメソッドは、そのテストクラスを呼び出す前に実行される。

@AfterClass：このアノテーションが付加されたメソッドは、そのテストクラスを呼び出した後に実行される。

@Ignore：このテストメソッドを無視する。メソッドが作成中・改造中である場合や、実行に時間がかかりすぎる場合などに使う。

@Test(expected = Exception.class)：メソッドの戻り値がExceptionでなかった場合に、失敗する。

@Test(timeout=100)：メソッドの実行時間が指定時間を超えていた場合に、失敗する。

@RunWith(Parameterized.class)：パラメータで指定された内容に従ってテストメソッドを繰り返す。

5.3 機能テスト支援

本節では、機能テストの位置づけと、支援ツールについて説明する。

(1) 機能テストの位置づけ

5.1 (3) で述べたテストピラミッドの第2層に、機能テストがある。機能テストは、ストーリーテスト、アクセプタンステストと呼ばれることもある。

機能は、単体・コンポーネントを組み合わせて実現され、ユーザから見たAPI(Application Program Interface)を提供する。また、表面の具体的表現であるGUIを実現するために裏側で支える機能である“Behind GUI”を提供する。

単体テストがモジュール内部の作り方も意識した“White Box Test”(内部仕様テスト)であるのに対して、機能テストは、モジュール、モジュール群の外部から見た機能をテストする“Black Box Test”(外部仕様テスト) である。単体テストでは、内部構造を意識しているので、多様な入出力の組み合わせをテストするには、内部構造から外部入出力への変換を行わなくてはならず、多大な工数がかかる。一方、機能テストでは、入出力の組み合わせの作成を容易にしていることから、これが可能になっている。また、機能テストは、顧客にも内容が理解できる点が強みである。

ただし、機能テストは単体テストと比べてコンピュータリソースを多く使うことから、並列実行等の負荷分散も考慮する必要がある。

(2) 機能テスト支援ツール

(i) 機能テスト支援ツールの分類

機能テストを支援するために、次のようなことが考えられ、その各々について支援ツールが開発されている。

① 被テストプログラムを起動して入力を渡し、出力を検証するための仕組みであるテストフレームワークを用意し、単体テストにおけるxUnitと同様な働きを、機能テストにおいて行う。代表的なツールとしてTestNG、Eclipse TPTP*6がある。

② 機能テストの本質は入力と出力の組み合わせの確認であると捉えて、表形式テストツールによりこれを支援する。代表的なツールとしてFit、FitNesse ((4) 参照) がある。

③ 機能をDSL(Domain Specific Language)で要素機能に分割し、分割したものに対して入出力を検証する。代表的なものはBDDツールである (5.5節参照)。

(ii) TestNG

TestNGは、Java SE5.0から導入されたアノテーション機能を用いる等により、機能テストに向けた次の特徴を実現している。

① Java SE5.0のアノテーション機能をサポートできる。
② テストにおける各種の設定をXMLで記述可できる。
③ 前後処理のタイミングを細かく指定できる。
④ テストをグループ化することができる。
⑤ テスト間に依存関係を作れる。
⑥ テストを並列実行でき、スレーブマシンで分散実行もできる。
⑦ Antからテストを実行できる。
⑧ ①~⑦の特徴により、単体テストだけに限らず、機能テスト、結合テスト、統合テスト他にも利用できる。

TestNGは、xUnitに物足りなさを感じたGoogle社のエンジニア

*6 Eclipse TPTPはテスト自動化ツールとして注目を浴び、活用されてきたが、既に当初の開発目標を達成したものとして開発を完了している。

が開発したものである。アノテーション機能を活用してテスト自動化をより深めたこと、テスト間の依存関係やグループ関係を指定可能にして結合テスト・機能テストを可能にしたことなどで、xUnitよりも高度な自動化を推進した。

このような動きを見て、xUnitの方でもJUnit4.0でアノテーション機能を取り入れるなどの改善を図っている。ただし、単体テスト支援機能の改善に的を絞っている。

このようなことから、しばしば、TestNG対JUnitという議論が行われるが、まだ決着はついていない。現在の状況では、単体テストではJUnitを、機能テストではTestNGをうまく組み合わせて使うのが現実的と捉えられている。

(iii) 表形式テスト支援ツール

APIのテストでは多様な入出力を組み合わせてテストする必要があり、これを表形式で可能とする次のような ツールがある。なお、これらは日本語化されておらず、日本ではほとんど普及していない。

① Fit (Framework for Integrated Test)：テストケースを表形式(MS Excel/Word等の形式)で記述し、ユーザと開発者との間のコミュニケーションを良くするツールで、Java、C#、C++、Pythonに対応している。Wikiの発明者であるW. Cunninghamが開発したOSSである。図5.3にFitによるテストの例を示す。

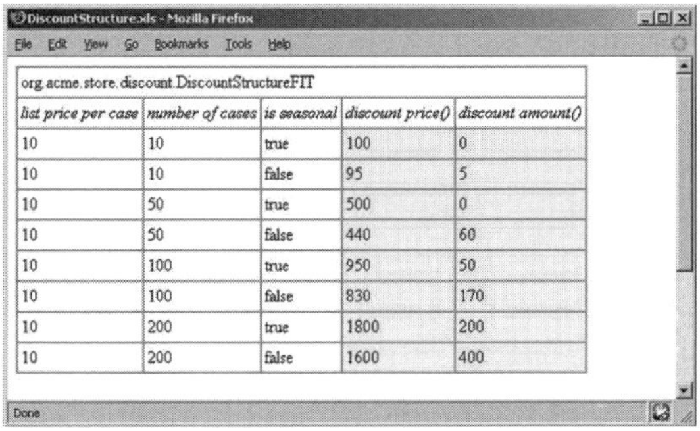

DiscountStructure.xls - Mozilla Firefox

File Edit View Go Bookmarks Tools Help

org.acme.store.discount.DiscountStructureFIT

list price per case	*number of cases*	*is seasonal*	*discount price()*	*discount amount()*
10	10	true	100	0
10	10	false	95	5
10	50	true	500	0
10	50	false	440	60
10	100	true	950	50
10	100	false	830	170
10	200	true	1800	200
10	200	false	1600	400

Done

＜テスト内容＞このビール会社は様々なタイプの飲料を販売している。大きく分けると、季節商品(seasonal)と通年商品(year-round)、という2つのカテゴリーに分類することができる。すべての飲料はケース単位で販売され、複数ケース買いに対する値引きサービスがある。

図5.3 Fitを用いたテスト（文献［28］より引用）

② FitNesse：Wiki形式で、入力と出力の関係をユーザレベルで容易に記述できるツールで、内部でFitを用いている。すなわち、HTML表を含むWikiページがテストの単位となる。Wikiを自然言語のように使いこなす技術者にとって、FitNesseは極めて使いやすいツールである。図5.4に、FitNesseを用いたテストの構成を示す。

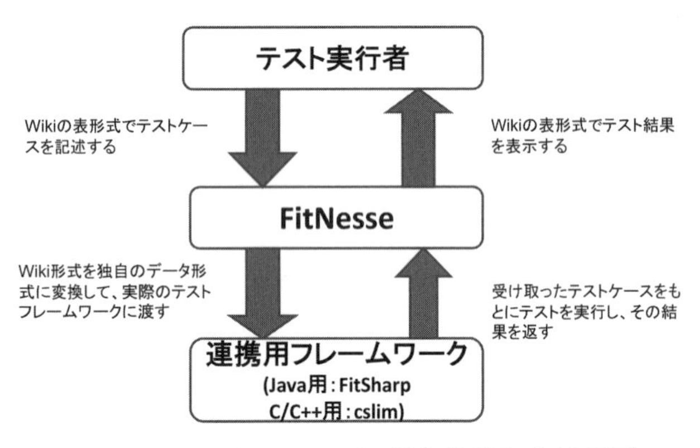

図5.4 FitNesseを用いたテストの構成（文献［29］より引用）

5.4 GUIテスト支援

GUI (Graphical User Interface)とは、APIをグラフィカルに表現したものであり、ユーザにとって分かりやすいインタフェースを提供する。しかし、それを可能にしているものは、APIとGUIの組み合わせによる高度で複雑なロジックである。したがって、GUIテストを全て手動で行うことはほとんど不可能であり、以下に紹介するSelenium等のGUIテスト支援ツールの助けを借りる必要がある。

(1) GUIテストの自動化の重要性

情報の共有・統合化を目的としたネットベースのアプリケーションが増加し、そのGUIとしてウェブが活用されている。スマートフォンの出現がこれをさらに加速化し、いまやGUIの利用は、Androidなどを活用した組み込み機器にも拡大されている。

しかし、GUIのテストの全てを手作業で行うには膨大な工数が必要であり、確認漏れ等の信頼性の問題も生じる。ビジネスが加速化され、ウェブアプリケーションに対する短期間、高頻度の改変要求が生じる中、改変に伴うデグレードを防止するためのテストの自動化は必須となってきている。

(2) 主なGUIテスト支援ツール

主なGUIテスト支援ツールは、以下のとおりである。

① Selenium：Seleniumは、OSSベースのウェブアプリケーションテスト自動化支援システムの代表的な存在である。ウェブブラウザを実行させるためのスクリプトを記述し、それを実行させることができる。このことにより、手間をかけて手動で実行していたウェブアプリケーションのテストを自動化することができる。詳細は(3)で説明する。

② Jameleon：Jameleonは、Javaアプリケーション向けの総合テスト支援ツールで、OSSである。テスト記述スクリプトは、Jellyスクリプト（XMLベースのスクリプト）となっている。

Jameleonのテストケースは複数のセッションに、セッションは複数のファンクションポイントに分解され、これには次の3種類がある。

- ・アクションポイント：フォーム、ボタンが正しく動作することを検証
- ・バリデーションポイント：出力が正しいことを検証
- ・ナビゲーションポイント：リンクによる遷移が正しいことを検証

③ QTP(Quick Test Professional)：QTPは、ウェブアプリケーションの機能テストを支援するツールである。テストオペレーションを自動記録し、そのオペレーションの中で確認すべきポイントと内容を指定していく。それがVBScriptに展開され、再テストで利用できる。このテストスクリプトは、編集することにより他のテストスクリプトにも再利用できる。

QTPは、総合テスト支援ツールとして、他のツールと比べて完成度が高く、次のような機能も備えている。

・テストスクリプトの構造化（条件分岐、他のテストスクリプトの呼び出し等）
・テスト実行のスケジューリング
・リグレッションテストの自動化
・Mercury Business Process Testingとの連携によるERPの業務アプリケーションテストの自動化

なお、QTPはMercury社の製品であったが、2006年にHP社に買収された。その後、HP社は2016年にQTPをMicro Focus社に譲渡した。

④ Worklight：Worklightは、IBM社が提供するモバイルソフトウェア開発環境である。2012年にイスラエルのWorklight社を買収し、その技術を製品化したもので、買収後も積極的な機能拡張を推進し、IBM社ソフトウェアの重要なセールスポイントとしている。

Worklightは、Eclipse環境の上に構築されており、総合的なソフトウェア開発環境を提供している。再テストの自動化機能も充実しており、各種のスマートフォン、タブレット端末のテストが自動実行できるようになっている。

(3) Selenium [30-33]

(i) Seleniumとは

Seleniumは、ウェブアプリケーションのテスト自動化支援システムである。ウェブブラウザを実行させるためのスクリプトを記述し、それを実行させせることができる。このことにより、手間をかけて手動で実行していたウェブアプリケーションのテストを自動化することができる。JavaScript、HTML、iFrame (inline Frame)を用いて実現されているため、極めて広範囲のOS, Windowシステムに適用可能になっている。

もともと、ThoughtWorksの社内ツールとしてSelenium Coreが開発・利用されていたが、これが2004年にオープンソース化されて誰でも使えるようになり、機能的にも大きな追加・改善が加えられた。その後、2011年にSeleniumとGoogle社が開発したWebDriverとを統合したSelenium 2が提供開始されて以降、このWebDriverが広く活用されるようになり、今日では主流になっている。

(ii) Seleniumの発展経緯

Seleniumの発展経緯は、以下のとおりである。

2004年　ThoughtWorksのJason HugginsがJavaScript TestRunnerの名でSeleniumのベースを開発。これがThoughtWorks社内の同僚の間で評判になり、社内で拡張されるとともに、さらにユーザを広げるためにオープンソース化された。

2006年　Bea社（後にOracle社が買収）のDan FabulichとNelson SproulがSelenium Remote Controlを開発。

2006年　日本のAppirits社の笠谷がSelenium IDEを開発。

2007年　Jason HugginsがGoogle社に移り、Selenium Remote Controlを拡張してSelenium Gridを開発。

2011年　SeleniumとGoogle社が開発したWebDriverを統合したSelenium 2が提供開始。WebDriverは、Seleniumと同様な機能とより使いやすいAPIを有しており、これによりSelenium2の普及が加速された。

現在Selenium2は、ブラウザとしてFirefox、Chrome、IE、iPhone、Android、Operaをサポートしている。

(iii) Seleniumの構成

Seleniumは、次の4つのコンポーネントから構成されている。

① Selenium Core：Seleniumの中核機能コンポーネントである。コマンドによりウェブブラウザを操作し、ウェブブラウザに表示されている内容を検証することができる。

② Selenium Remote Control：リモートサーバ対応機能および言語対応機能を提供している。このコンポーネントは、Selenium Grid（並列サーバ機能）へも発展した。Selenium GridによりGUIテストを並列化・高速化できる。

③ Selenium IDE：Seleniumを活用するためのIDE (Integrated Development Environment)である。具体的には、Firefoxブラウザ上での操作を自動的に記録して、それに基づくテストコードを自動生成する。したがって、Firefox上での再テストが自動化される。

④ Selenium on Rails：Ruby on RailsでSeleniumを使うためのコンポーネントである。

(iv) Selenium2

Google社のSimon Stewartは、Web GUIのテスト自動化を目的としたWebDriverを開発した。2011年にリリースされたSelenium 2は、Seleniumの特徴を継承しつつWebDriverの良さを取り込んでおり、「Selenium+WebDriver=Selenium 2」であると言える。

Selenium 2はWebDriverの簡潔なオブジェクト指向のAPIを継承し、ブラウザとのやりとりは、そのブラウザに最善の方法で行うようになっているので、テストプログラムが書きやすい。また、Seleniumの機能を包含しているので、Seleniumで作成したテストデータをSelenium2向けに簡単に変換・移行できる。

なお、Selenium 2は、しばしばその構成要素であるWebDriverの名称で呼ばれることがあるので注意が必要である。

(v) WebDriverのアーキテクチャ

WebDriverは、プログラムからウェブ画面を細かく操作するAPIを提供している。そのアーキテクチャを図5.5に示す。

WebDriverは、Java、Ruby、JavaScript、C#、Pythonほか、多様

なプログラム言語に対するAPIを提供しており、ウェブ用のドライバーとしては、Firefox、Chrome、Internet Explorer、Safari、PhantomJSをサポートしている。このように多言語、多種のウェブに広く対応しているのみならず、スマートフォンやエンベッディッド機器にも対応していて、極めて応用範囲が広い。このためSeleniumからSelenium 2への移行は急速に進んでおり、2018年現在、Selenium 2の市場での優位性は確定したと言える。

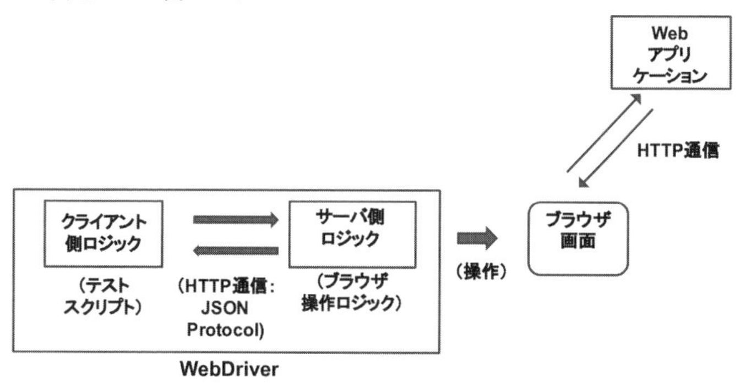

図5.5 WebDriverのアーキテクチャ（文献 [33] より引用）

(vi) WebDriverの機能

WebDriverは、極めて広範囲できめ細かな機能を持っている。代表的な機能である「要素の取得（ロケータ）」「要素の操作」「ブラウザ情報の取得」機能を以下に示す。

①ロケータ機能[33]

- By.id：id属性の値による指定
- By.name：Name属性の値による指定
- By.tagName：HTMLタグ名による指定
- By.className：クラス名による指定
- By.linkText：a要素のテキストによる指定
- By.partialLinkText：a要素のテキストの部分一致による指定
- By.cssSelector：CSSセレクタ記法を使った指定
- By.xpath：XPath記法を使った指定

②要素の操作機能
- ・クリック
- ・キー入力：単独キー、複数キー、特殊キー
- ・チェックボックスの選択
- ・ラジオボタンの選択
- ・プルダウンの選択

③ブラウザ情報の取得機能
- ・タイトル：getTitle メソッド
- ・URL：getCurrentUrl メソッド
- ・HTMLソース：getPageSource メソッド
- ・ウィンドウ位置：getPosition メソッド
- ・ウィンドウサイズ：getSize メソッド

(vii) Seleniumマクロ記述言語

Selenium 2 WebDriverは極めて強力であるが、記述がウェブ画面の単位要素ごとであり、極めて細かく煩雑である。そこで、もっと高度な論理的な単位で記述して作業を軽減し、分かりやすくするために、Selenium 2の操作をマクロ記述するための仕組みが色々と工夫されている。表5.1には、Selenium操作をマクロ記述するためのツールについて、支援対象プログラミング言語、BDDへの対応、ツール自体のテスト機能の有無、PageObjectパターンの活用可否を示している。なお、PageObjectについては (7) で説明する。

SelenideとFluentLeniumはともにJava専用のツールであり競合している。また、Gebは強力なマクロ機能を持っているが、テスト機能は内包せず、Spock等のテストツールとの連携が必要である。

表5.1 Selenium操作をマクロ記述するためのツール（文献［33］より引用）

ツール名称	支援対象プログラム言語	テスト機能	Page Object 活用機能	備考
Selenide	Java(IDEの活用が可能)	有	有	PureJava
Geb	Groovy(Javaの混在活用可)、BDD-FWとの統合可	無 (Spock等活用)	有	簡潔記述、jQuery風
FluentLenium	Java (Seleniumを薄くラップ)	有	有	jQuery風
Capybara	"Ruby BDD-FWとの統合可"	有	無	
Webrat	"Ruby BDD-FWとの統合可"	有	無	

(4) Appium

(i) Appiumとは

Appiumは、スマートフォン等のエンベッディッドシステムのGUIテストを支援するOSSツールである。最近では多くのエンベッディッドシステムがGUIを具備するようになってきており、GUIテスト支援ツールへのニーズは極めて大きくなっている。その中でもAppiumへの関心は高く、デファクトスタンダードの地位を獲得しつつある。Appiumは、次のような特徴を持っている。

① Android 2.3.3以降、iOS 6.0以降に対応している。
② Selenium2 WebDriverと同等の記述法でGUIテストができる。
③ Java、Ruby、Python等、様々な言語で記述できる。

このようにAppiumはSelenium文化圏の中にいて、Seleniumで培われたノウハウやツールの知識を活用できることが大きな長所になっている。

(ii) Appiumのアーキテクチャ

Appiumのアーキテクチャを図5.6に示す。Appiumクライアントからの要求に対する操作手順は以下のとおりである。

1. Appiumクライアントライブラリは、テストスクリプト向けに、テスト対象アプリケーションを操作するためのAPIを提供する。APIを通じてテストスクリプトから指示を受け取ると、それをMobile

JSON Wire Protocolに変換して、Appiumサーバに送る。
2. Appiumクライアントライブラリは Appiumサーバから返される処理結果を受け取り、テストスクリプトに返す。
3. Appiumサーバは、クライアントライブラリから受け取った指示に基づき、「プラットフォーム標準の自動化フレームワーク」を使ってテスト対象アプリケーションを操作する。
4. テスト対象アプリケーションの操作が完了したら、その結果を Appiumクラアントライブラリに返す

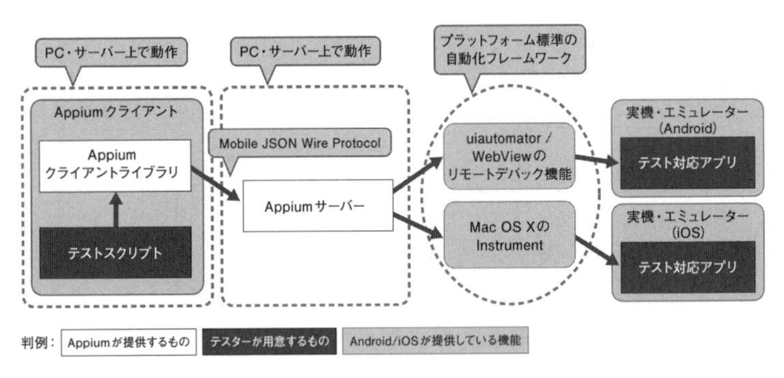

図5.6 Appiumのアーキテクチャ（文献 [34] を参考に作成）

(5) Groovyツールチェイン

Groovyは、Javaと互換性を持ちJavaプラットフォーム上で動作する動的言語であり、極めて強力である。また、テスティングフレームワークSpochや機能テスト支援ライブラリGebと連携してGroovyツールチェインを形成して、総合的な力を発揮する。次世代を担うツールチェインとして期待されている。

(i) Groovy*7

ウェブ情報を動的に作成・更新する言語として、JavaScriptが主流に用いられている。JavaScriptはネットスケープコミュニケーションズ社のBrendan Eichによって開発され、当初はLiveScriptと呼

*7 近年、人気上昇中のビルドツールGradleもGroovy記述である。Gradleの詳細については4.3(2)(iv)を参照されたい。

ばれていた。その後、同社がSun Microsystems社と提携したことから、1995年にJavaScriptと改名された。1996年にMicrosoft社のIE3.0に搭載されたことをきっかけに急速に普及し、1997年にはECMAScriptとして国際標準化され、さらに広範に普及した。したがって、JavaScriptはスペルの中に"Java"を含むもののJavaとは互換性がないということに留意する必要がある。

一方、GroovyはJavaプラットフォーム上で動作する動的言語として開発され、2015年にApacheソフトウェアとしてOSS化された。GroovyはJavaと互換性を持つため、Javaで記述されたソフトウェア資産は、そのままGroovy上で動作する。このことは、Javaでソフトウェアを開発する人々にとって多大なメリットをもたらす。例えば(3)で述べたWebDriverと組み合わせたテストが容易に可能だからである。

(ii) Spock

Javaプログラムのテストでは JUnit が広く活用されている。その歴史も長く、いわばデファクトスタンダードとなっているが、JUnitの記述は難しく、また記述量も多いとの強いクレームがある。

SpockはGroovyベースのテスティングフレームワークである。次のような点でJUnitよりも優れているとされており、人気が上昇しつつある。

① DSL(Domain Specific Language)を用いた簡潔で分かりやすい記述
② 純明快なデータドリブンテスト(テストデータを入れ替えながらの繰り返しテスト)
③ 標準でMockのAPIを提供(JUnitは標準提供していない)

(iii) Geb

Gebは、ウェブアプリケーション向けの機能テストを自動化するライブラリであり、jQuery*8の長所を取り入れながら、Groovyを用いて開発されている。Selenium WebDriverとjQueryライクなAPI、そしてGroovy自身の豊かな表現力を用いて、強力なテスト機能を実

*8 JavaScriptを容易に記述するために開発されたライブラリであり、広範囲に利用されている。

現する。Gebを用いることにより、次が可能になる。

① 豊かで簡潔なテスト記述
② jQueryライクなコンテンツ操作、テストAPI
③ Page Objectパターンの利用と、それによるテストコード削減
④ JUnitやSpockの混在利用

(6) PageObjectパターン

オブジェクト指向開発においては、繰り返し利用されるオブジェクトをObjectパターンとして標準化し、開発効率の向上を図る。GUIテストにおいて最も高頻度に利用されるオブジェクトはウェブページであり、これを標準化したものがPageObjectパターンである。

PageObjectは、ページの内部構造を見せることなく(隠ぺいして)、外部からアクセス(参照、更新)可能とする。これにより、内部の変更の影響が直接的に外部に及ばないこと、アクセスの方法を標準化できること等の効果が得られる。

PageObjectでテストを記述するパターンは以下の2つに分類できる。

① 画面を操作するためのPageクラス。画面を構成する各要素を操作するAPI。
② Pageクラスを操作してテストシナリオを記述するクラス。Pageクラスを呼んでこれを組み合わせる。

5.5 BDDテスト支援 [35, 36]

BDD(Behavior Driven Development)とは、ソフトウェアの仕様をユーザが理解しやすいbehavior(顧客動作要求)で記述して、テストもこれに基づいて行う方法である。仕様とテスト内容をbehaviorで記述すると、開発者とテスト作業者の理解が一致するメリットが生まれる。近年、米国を中心に普及しはじめている。

(1) BDDが求められる背景

BDDは、顧客が求める動作要求(behavior)に基づいてソフトウェアを開発しようとする開発技法である。このBDDが求められてきた背景として、次の3点が挙げられる。

① TDDへの批判、改善要求（5.2（2）（iii）参照）
② 顧客要求を顧客にも理解できる形式で記述し、それに基づき開発・テストをしたい、という要請
③ コンプライアンスの観点から、テスト証跡（テストを実施したことの証拠）や設計情報との対応管理（どの設計情報に対してテストを実施したのか）が求められること。これは、②の要請を厳密にルール化するものである。米国では、JBehave、Cucumber等のBDDツールを活用して実践されるようになってきている。

BDDという言葉そのものは上記①を意識しており、TDDの利点を取り込みつつ欠点を改善しようとの考え方に基づく。一方、②③は、古くから現在に至るまで継続的に追及されてきたテーマであり、その実現方式は多様な形態で発展してきた。現代的にはDSL(Domain Specific Language)と表現されることが多い。

BDDとDSLは、表現形式は異なるが考え方に共通する部分が多い。BDDのBehavior=DSLのDomain Specification＋テストシナリオと捉えられる。

(2) BDDの考え方

BDDは、前述したTDDに対する批判に基づいて生まれた、顧客他(stakeholders)の観点からの振る舞い(behavior)記述に基づくソフトウェアの開発技法である。まず振る舞いを記述し、それに基づきコードを書いてテストを実行する。この振る舞いの記述法は、アジャイル開発におけるユーザストーリーの記述法との親和性が高い。以下に、BDDの3原則を示す。

① Enough is enough：やるべきことはきちんとやる。しかし、浪費になるので、それ以上の無駄なことはやらない。
② Deliver stakeholder value：顧客等関与者にとって価値のあるものを開発・提供する。それ以外のものは開発・提供しない。
③ It's all behavior：コードレベルであっても、アプリケーションレベルであっても、どのような粒度であっても、常に振る舞いの観点で考える。

(3) TDD対BDD

Dan Northは、TDDの考え方を発展させて、BDDを提案した。BDDでは、考え方を徹底するために、以下のように用語体系も変更している。

<TDD>	<BDD>
テストクラス	振る舞い(behavior)
テストケース	実行可能サンプル(example)
アサート(assert)	期待する振る舞い(expectation)

すなわち、BDDでは「仕様＝実行可能仕様＝テスト仕様」*9であり、DSLによる記述を前提としている。

(4) BDDの歴史

ここで、BDDの歴史においてCucumberが生まれるまでを辿ってみる。⑤Cucumberについては、(5)で詳しく説明する。
① xUnitとその後継：xUnitは、TDD用のテストフレームワークであり、そのJava版がJUnit、Ruby版がRUnitである。

*9 「要求仕様＝テスト仕様」を実現した先駆者は、表形式テストツールFit、FitNesseであり、BDDはそれをさらに一般化したと言える。逆に、Fit、FitNessを用いればBDDを実行していることになる、と言う人もいる。ただし、あくまでも表形式に限定され、テキスト形式は扱えない。

RUnitは現在、Test::Unit、RSpecに引き継がれている。
② JBehave：ThoughtWorks社に所属していたDan NorthはBDDの研究を進め、2003年にJUnitを置き換えるものとして、BDD用のテストフレームワークJBehaveを開発した。当初は実験的なものであったが、その後、改良が続けられ、現在もCucumberに伍して利用されている。また、その後に開発された多くのBDDツールに影響を与えた。
③ RSpec：RSpecは、Ruby用のTest::Unitを置き換えるものとして、2005年にSteven Bakerにより開発された。BDD向けの単体テストフレームワークであり、その考え方は、先行するJBehaveを参考としている。現在、Ruby向けに広く活用されている。
④ RSpec Story Runner：Dan Northは、JBehaveのRuby版RBehaveを開発し、さらにはRSpecとマージして、RSpec Story Runnerとした。
⑤ Cucumber：2008年に、Aslak HellesoyがRSpec Story Runnerを文法的に整理して書き直し、Cucumberと名付けた。当初は、RSpecに統合する予定であったが、独自の地位を占めるようになった。Cucumberは、単体テストに限らず、機能テストを含めた広い範囲のテストに使える。

(5) Cucumber

(i) Cucumberの概要

Cucumberは、自然言語に近い形式で書かれたシステムの振る舞いをテストとして実行する、BDDに基づくテスティングフレームワークである。単体テストだけでなく、機能テスト等にも適用される。その特徴は以下のとおりである。
① 記述した振る舞いは、ユーザ、企画者、業務担当者、運用担当者等プログラマ以外の人々にも理解ができる。したがって、関与者間の合意が取れた内容のテストができる。
② 国際化されていて、振る舞いの日本語記述も可能である。

③ Rubyで記述される。

④ Ruby記述のソフトウェアだけでなく、Java、C++、Python等で記述されたもののテストにも、広く適用できる。

また、図5.7に、Cucumberによる記述例を示す。この例では、「ログインしてユーザを識別する」というフィーチャ（仕様）を、「ユーザ登録してログインする」というシナリオと「既存のユーザが、ログイン名とEメールアドレスを入力して、ログインする」というシナリオの2つで定義している。

```
フィーチャ：　ログインしてユーザを識別する
  ユーザとして、
  ログイン機能で自分の情報を識別したい。
  なぜなら、メッセージなどを自分のものとして区別したいからだ。

  シナリオ：ユーザ登録してログインする
    前提　"新規ユーザ登録"ページを表示している
    もし　"ログイン名"に"masa"と入力する
    かつ　"Eメール"にkataoka@gmail.comと入力する
    かつ　"作成"ボタンをクリックする

    ならば　"こんにちはmasaさん"と表示されること

  シナリオ：既存のユーザが、ログイン名とEメールアドレスを入力して、ログインする
    前提　ログイン名が"masa"、Eメールアドレスがkataoka@gmail.comのユーザがいる
    かつ　"ログイン"ページを表示している

    もし　"ログイン名"に"masa"と入力する
    かつ　"Eメール"にkataoka@gmail.comと入力する
    かつ　"ログイン"ボタンをクリックする

    ならば　"こんにちはmasaさん"と表示されること
```

図5.7 Cucumberによる要求仕様＝テスト仕様記述事例

(ii) Cucumberの構造

Cucumberにおいては、一つのStory（説明）*10は、次の要素から構成される。

・title：標題

＊10 Cucumberにおける Storyは、アジャイル開発における User Storyを形式化したものと言える。

・narrative：下記の項目に基づく説明記述を行う。
　feature：仕様
　benefit：目的、期待する効果
　stakeholder：関与者（ユーザ、企画者、運用者等）
・acceptance criteria： Storyが成り立つためのシナリオを下記の形式や記述する。
　given：どんな条件が成り立つ場合に
　when：何が起きたら（どんな入力、イベントがあると）
　then：どのような結果、出力が期待できるか

Cucumberは、次の3要素から構成される。
①features：仕様記述言語Gherkinで記述される。
②step definition：テスト対象プログラム。Gherkinで記述されたstepに対応付けられる。
③cucumber command：Cucumberを起動するコマンド。

Gherkinは以下のキーワードで構成され、図5.8に示すような階層構造を持つ。

・Feature
・Scenario
・Scenarios (or examples)
・Given
・When
・Then
・And (But)
・|（tableの記述用）
・"""（multiline記述用）
・#（COMMENT記述用）
・Background
・Scenario outline

```
ーfeature(with story)
  ーscenario
    ーstep
```

図5.8 Gherkinの構造と記述方法

すなわち、featureは複数のscenarioを含み、scenarioは複数のstepを含む。

Gherkinは先頭のキーワードのみを規定し、その後の文章は自由形式である。記述の手順は以下のとおりである。

1. featureに、実現されるべき仕様を一行で記述する。
2. 1.の後に、storyとして、誰を対象として(stakeholder)、どんな機能(feature)を、何を目的として(benefit)いるかを記述する。
3. scenarioにより、featureを形作る要素機能としてのテストシナリオを記述する。これは複数のstepで実現される。
4. stepでテストシナリオの操作や検証のためのステップを記述する。
5. step definition fileにあるテスト対象プログラムを実行する。各stepの先頭には次の予約語が使われる。
   - given (前提) : データのセットアップ等テストシナリオの前提条件を記述するステップ
   - when (もし) : 判定条件を記述するステップ
   - then (ならば) : 結果を検証するステップ
   - and(かつ) : すぐ上のステップと同じ役割のステップ
   - but (しかし) : すぐ上のステップと同じ役割のステップ

(iii) Cucumberにおけるテスト資産の再利用

Cucumberには、テスト資産を再利用、選択利用するための次のような機能が備わっている。これらの機能により、テスト資産の蓄積とともに、テスト作業の効率向上が図れる。

① ディレクトリでの分割：開発するソフトウェアの規模が大きくなった場合は、ディレクトリ配下にサブディレクトリを設けて、featureファイル自体を分割する。これは一般的に、開発チームの構成に応じて組織ごとにサブディレクトリを設けることにつながる。

② タグ付け：featureまたはscenarioキーワードの前にタグを付けることができる。このタグ付けによって、feature, scenarioを分類して、必要なテストを選択・限定する等の作業手順を管理することができる。例えば、@wip (work in progress：作

業中）のタグが付いたものだけを実行し、改造していない部分のテストは実行しないで済ませることができる。

③ profiles：テストを起動するためのcucumberコマンドのうち高頻度に使うパラメータパターンのものは、profilesとして登録しておき、覚えやすい簡易な形式で用いることができる。例えば、②で述べた@wipのタグの付いたものを起動するコマンドをprofilesに登録すると、「cucumber -p wip」のような簡易な形式にできる。

④ hooks、tagged hooks：各scenarioを実行するに当たって、例えば、データの設定とそのクリア処理など前処理・後処理が必要とされる場合がある。このような前処理・後処理は、hooksにより記述される。次の3種類のhooksがある。

before：各scenarioの前処理として実行される。
after：各scenarioの後処理として実行される。
afterstep：各stepの後処理として実行される。

⑤ background：全てのscenarioにおいて実行されるべき前処理は、backgroundで記述できる。例えば、ウェブ処理において必ずlogged inが必要な場合などである。backgroundは、④で述べたbeforeと同じ働きをする。

⑥ tableとscenario outline：Cucumberでは、表形式テストツールFitの機能を取り入れて、表形式のデータをtableで記述できる。また、データだけを変えながら、同じscenarioを繰り返し記述する必要があるときには、scenario outline機能を用いることができる。データの部分は変数表現したscenarioを一度だけ記述し、変数の部分への実データはtableで記述する。

(iv) Cucumberと連動するツール群

Cucumberと連動するテスト支援ツールとして、以下のものがある。

① RSpec：Cucumberは機能・結合テスト用、RSpecは単体テスト用として使い分けすべし、とされているが、以下のように用語体系も異なる。将来的には一体化される可能性がある。

	<Cucumber>	<RSpec>
テストクラス	feature	behavior
テストケース	scenario	example
アサーション	step	expectation

② RCov：Ruby用テストカバレジ測定ツール。C0レベルカバレジを測定する。

③ Ruby-debug：デバッグ支援ツール。Cucumberは、デフォルトでRuby-debugをサポートしており、cucumber with railsと共存可能である。

④ Webrat、Capybara：ウェブへのインタフェースを論理的に記述可能とする。

5.6 システムテスト支援

システムテストでは、システム全体の特性をテストする。具体的には次のような特性をテストし、評価する。

① 性能、負荷状況
② セキュリティ
③ ウェブアクセス
④ サーバの動作状況
⑤ システム構成管理コード

性能を評価するための支援ツールは数多く出回っているが、ユーザビリティについては、評価指標自体が確立されておらず、評価支援ツールも確たるものは存在していない。しかしながら、ユーザビリティの一つの構成要素であるウェブアクセス状況の評価ツールは存在している。

(1) 性能テストツール

性能テストツールは以下のとおり多様なものが存在し、目的に応じた使い分けが必要である。

① JMeter：クライアントサーバシステムの性能測定および負荷テストを行う。HTTPレスポンスの内容の妥当性を判定することもできるため、機能テストに使用することも可能である。プラグインアーキテクチャに基づいて開発されており、ほとんどの機能はプラグインで実装されている。このため、プロジェクト外の開発者もカスタムプラグインを作成することで、ビルドせずにJMeterを拡張できる。

　Apacheソフトウェア財団にて開発されているOSSであり、多様な機能を備えているため、ウェブアプリケーションおよびウェブサーバの性能測定に広く利用されている。

② LoadRunner：Web2.0アプリケーションを含むプログラムに対して仮想負荷をかけて、どれだけのユーザ数を処理できるかをテストする。当初Mercury Interactive社が開発し、2006年にHP社が同社を買収した。その後、2016年にHP社はLoadRunnerの権利をMicro Focus社に譲渡した。

③ AppLoader：アプリケーションがどれだけのユーザ（クライアント）数を処理できるかをテストする。米国NRG Global社の製品である。

④ AQTime：Windowsおよび.NETアプリケーションの性能およびメモリ使用状況（メモリリークを含む）をテストする。米国SmartBear社の製品である。

⑤ Rational Performance Tester：ウェブアプリケーションの負荷テストを行う。IBM社の製品である。

⑥ SOAtest：SOA(Service Oriented Architecture)に基づくシステム開発の支援ツールである。WSDL(Web Service Description Language)の検証、ウェブサービスやXMLの相互運用性、クライアントサーバシステムの単体テスト、機能テスト、性能テスト等、広い範囲をカバーしている。米国Parasoft社の製品で、日立製作所のCosminexusは、このSOAtestと連携している。

⑦ testMaker：ウェブアプリケーションの負荷テスト、性能テストを行う。Seleniumと連動することができる。ドイツのRWTH Aachen 大学が開発したOSSである。

⑧ soapUI：SOAアプリケーションの機能テスト、性能テストを行う。米国のソフトウェアテスト専門会社SmartBear社の製品である。無料版と有料版があり、soapUIオープンコミュニティで活用されている。
⑨ DevPartner：.NET向け開発支援ツールである。ソースコード静的分析、パフォーマンス分析、テストカバレジ分析を行う。Micro Focus社の製品である。

(2) セキュリティテストツール

セキュリティテストは、ネットワーク時代の現代において最大関心事の一つである。セキュリティは善意だけでは維持できない。例えば、XSS(Cross Site Scripting)は、脆弱性のあるウェブサイトを「踏み台」にして、そのウェブサイトの訪問者に悪意のあるプログラムを送り込む方法である。ウェブサイトの所有者は、悪意はなくとも結果として加担することになる。また、自らのソフトウェアに問題はなくとも、組み込んだソフトウェアに脆弱性があって問題を起こす場合もあるので、注意が必要である。

DBIR(Verizon PCI Data Breach Investigation Report)によれば、2014年に分析したクレジットカード所有者のデータ盗難における攻撃手段の97%が10種類の脆弱性に起因するものであり、そのうち8種類は10年以上前から存在が明らかになっているものだという。

このように、セキュリティ対策の脆弱性に伴う脅威は増加しているが、その対策はまだ不十分と言える。将来的にはこれらのセキュリティ対策をCI/CDプロセスの中に埋め込んで自動化していく必要がある。

以下に、代表的なセキュリティテストツールを挙げる。

① Gauntlt：様々なセキュリティツールを起動して総合的なセキュリティテストを行う。具体的なツールはArachni、curl、nmap、sslyze、sqlmap、Garmr等だが、これら以外のツールも、簡単な手続きにより自分で追加組み込みができる。
② Arachni：ウェブアプリケーションのセキュリティテストツール

である。Rubyで記述され、Windows、Linux、Macをサポートしている。また、JavaScript、HTML5、DOMおよびAJAX等を利用した高度のアプリケーションにも対応している。

③ OWASP ZAP：OWASP(The Open Web Application Security Project)は2004年に設立された米国のノンプロフィット公共組織である。OWASP ZAP(Zed Attack Proxy)は、ウェブアプリケーションのセキュリティ上の脆弱性を検出するツール群で、数百人のボランティアによって運営されており、権威あるものとなっている。

④ OWASP Dependency-Check：OWASPは、2013年に脆弱性を持ったソフトウェアの一覧を発表した。OWASP Dependency-Checkはウェブアプリケーションがそれらを含んでいるかどうかの依存性をチェックするためのものである。

⑤ Sonatype Nexus Lifecycle：セキュリティ上の脆弱性を持つソフトウェアへの依存性をチェックする。米国Sonatype社の製品である。

⑥ Rational AppScan：ウェブアプリケーションへのセキュリティ攻撃に対する脆弱性、コンプライアンス（標準への準拠）上の問題点をブラックボックステストによりテストする。IBM社の製品である。

⑦ MSRC(Microsoft Security Response Center)：Microsoft社のセキュリティレスポンスセンターである。

⑧ ratproxy：ウェブアプリケーションのセキュリティ脆弱性をテストする。Google社の製品である。

(3) ウェブアクセス評価ツール

ウェブアクセス評価ツールには、以下のようなものがある。

① ClicTale：ClicTale社の製品であり、一人一人のユーザのマウスの動き、クリック、キー入力、ページ遷移を記録し、後から、その一連の操作を動画として確認し、分析することができる。いわば、ミクロ分析ツールである。

② Google Analytics：Google社の製品であり、以下の項目について集計結果を確認することができる。いわば、マクロ分析ツールである。
- サイト滞在時間
- ページビュー数（そのページが閲覧された回数）
- 直帰率（サイト内の閲覧開始ページだけを見て、他のサイトへ移動した割合）
- 離脱率（そのページを最後に、他のサイトへ移動した割合）
- 参照サイト（どのサイトから来たか）
- 検索ワード（どのような検索ワードで来たか）

(4) サーバの動作状況のテストツール

システムがうまく動作しないときに、まずは肝心のサーバが正常に動作しているかどうかを調べる。また、システムを起動する際に、起動操作の一環としてサーバがうまく動作しているかを確認する。そのような状況で高頻度に利用されているのがServerspecである。Serverspecは、宮下剛輔氏が開発し、2013年にOSSとして公開した。現在では、日本に限定されず世界中の広い範囲で利用されている。なおServerspecの名称はServer＋RSpecに基づいているとのことである。

Serverspecの特徴は、以下のとおりである。

① サーバが正しく動作しているかどうかを、アプリケーションをテストするのと同様に簡単にテストできる。具体的には、テスト対象サーバを特定して、そのテスト仕様をRSpecで記述する。

② 導入の敷居が低い。ただし、Rubyで記述されているので、Rubyを使える必要がある。OS種別はServerspec自身が判定して対応する。ローカル機能とリモート機能があるが、SSH接続ができればリモート機能が使用できる。

③ 特定の構成管理ソフトウェアに依存しない。Puppet、Chef、Ansibleのいずれにも対応している。

Serverspecは、機能をサーバのテストに特化していること、動作環境が限定されないことから、広範囲で活用されている。典型的な利用例は、Puppet、Chef、Ansible等のシステム構成管理システムでシステム構成を定義・作成したのちに、そこに作成したサーバが正常に動作することのテストを行うことである。これはいわばシステムインフラストラクチャーに対するCIの実施であり、極めて重要である。Serverspecはこれを実現する要のツールである。

(5) システム構成管理コードのテスト

システム構成管理ツールは、今日のクラウドシステムを運用する上で欠かすことができない（6.6節参照）。このツールを使えば大規模システムの初期開発や改造が容易にでき、システム構成の状況も即座に把握できる。

しかし、自動化効果が大きいだけに、管理するシステム構成管理コードが間違っていた場合の悪影響は極めて大きい。ましてや、悪意を持って不当なコンポーネントを組み込まれてしまえば、甚大な被害が生じる。

システム構成管理コードの正しさをテストするツールとして、次のようなものがある。

① Foodcritic：Chefコードの正しさをテストする。
② Test Kitchen：Chefコード、Ansibleコードの正しさをテストする。
③ puppet-lint：Puppetコードの正しさをテストする。
④ Kirby：Ansibleコードのカバレッジを計測する。GitHubに組み込まれている。
⑤ Ansible_spec：Ansibleコードの正しさをテストする。

5.7 リリーステスト支援

リリーステストは、顧客が実際に使用する実システム環境下、または、それと全く同等の環境下でテストが行われる。すなわち、システム環境自体とソフトウェアとの整合性もテストの対象となる。

(1) リリーステストの難しさと課題

リリーステストは、本番サービスと同じ環境下でテストすることが本来の目的であるが、実際にこれを実施するには、以下のような多くの困難が伴う。

① 本番サービス中にテストすることも、本番サービスを止めてテストすることもできない、ということ。

② リリーステストのために必要な膨大な準備作業を行う作業時間と所要設備をどのように捻出するか。

③ 準備作業と本番サービスとの関係をどのように管理していくのか。

④ リリーステストと他の開発テストの関係をどのように管理していくのか。

従来、開発テスト(機能テスト、GUIテスト、システムテスト等)とリリーステストは別のものと考えられてきた。また、開発テストは開発工程の中で繰り返し実施されるが、リリーステストはリリースという限られた機会にのみ実施されるため、高度の緊張を伴うとともに、誤りが混入しやすかった。

これに対する最大の改善策は、リリーステストを開発テストの中に組み込む、言い換えれば、リリーステストと開発テストを一体化することである。これを実施するためには、①コンピュータリソースを余計に消費すること、②一体化は一朝一夕では実現できず、試行錯誤を重ねた努力が必要である、という課題を乗り越えなくてはならない。①は提供するサービスの価値とコンピュータリソース費用のトレードオフであり、実現の可能性が高くなりつつある。また、②は長期間使われる価値の高いサービスであれば乗り越えていくことのできる課題である。

(2) リリーステストの方法

以下に、具体的なリリーステストの方法を紹介する。

① Blue-Green Deployment：全く同一のシステム環境を2つ用意してリリースを実施する方法である。Green-lineで現在運用中のシステムを稼働させ、もう一方のBlue-lineで新システムを稼働させる。ルーターで、ユーザからのアクセスをGreen-lineからBlue-lineへ瞬時に切り替え、正しく動作しなければGreen-lineへ切り戻す。

この方法では、リリーステストの準備作業を本番サービスと独立に行うことができる。一方、欠点は2倍のコンピュータリソースが必要になることである。サービスが軌道に乗り複数のコンピュータで運用している場合は、そのうちの一部だけをBlue-lineに切り替えてテストするとの考え方もある。

② Canary Releasing：一般ユーザへのリリース前に、そのサブセットである少数のユーザに新機能をリリースする方法である。その上で問題がなければ、一般ユーザにリリースしていく。鉱山での坑道の安全性のチェックにカナリアを使ったことが、名前の由来である。

③ dark launching：一般ユーザへのリリース前に少数限定ユーザにリリースする方法である。ただし、dark launchingの名前にあるように、どのユーザにリリースされているかは知らされない。Facebook等の大規模なITサービスの機能拡張で使われており、一般的にタグなどのソフトウェア的な仕組みで実現されていることが多い。

第6章 システムプロビジョニングおよびシステム構成管理

クラウドシステムの普及により、システムはより大規模化、複雑化するようになった。このような状況で自らが求めるシステムを定義するには、全体環境下での自分の環境の位置を正しく定義するためのシステムプロビジョニング（システム準備作業）、また、全体システムの構成管理およびその中での自らのシステムの構成管理上の位置づけが大切になる。

6.1 システムの仮想化技術と規模拡大への対応

システム仮想化技術により、物理資源は境界上の制約を超えて仮想資源として柔軟な活用ができるようになり、多くの便益が得られるようになった。このように多数の資源を一括して共有・活用するクラウドシステムでは、仮想化技術を欠かすことができない。

一方で、クラウドシステムでは、仮想環境の初期設定・変更のための作業が多大な負担となることが課題であった。システムプロビジョニングツールは、これに対応するためのツールで、複雑な作業を論理的で単純な作業に置き換えてくれる。

また、クラウドシステムは巨大で複雑になりがちなため、そのシステム構成の管理には極めて神経を使う必要があり、かつ誤りを起こしがちである。システム構成管理ツールは、このような作業を簡単化してくれる。もともとは大規模システム専用のツールであったが、いまやクラウド環境で一般利用されるものになった。

6.2 システムプロビジョニング

(1) システムプロビジョニングとは

システムプロビジョニングとは、情報システムを動かすための準備作業のことである。この作業は次の3つのプロセスからなる。

①ブートストラッピング：システムの基本部分を稼働させること。具体的にはVM（Virtual Machine、詳細は6.3節参照）を作成して、その上にOSをインストールする。多数のVMを作成する必要があり、その内容はパターン化されていることが多い。同様に、VM上に搭載するOSについてもパターン化されていることが多い。これらのパターンをバージョン管理システムで正確に履歴管理する。

最近では、VMでなくコンテナ（コンテナ型仮想化、詳細は6.4節参照）を作成して、VMと同様な並列処理を行うことが多くなっている。このコンテナの初期設定処理もブートストラッピング処理の一部として捉える。

②コンフィグレーション：OSの上に各種ミドルウェアやアプリケーションなどのソフトウェアを搭載すること。搭載する全てのソフトウェアについて、初期設定パラメータも含めて管理する必要があり、極めて複雑な作業である。したがって、この作業は6.6節で述べるシステム構成管理ツールと連携して行うことが多い。

③オーケストレーション：複数のVMやコンテナが連携して動作すること。システムプロビジョニングの最後のプロセスとして、この作業を行う。

(2) Vagrant[37]

今日の情報システムは、クラウドシステムを代表とした仮想環境の下での構築を前提としたものが増えてきている。Vagrantは、このような環境下でのシステム構築・運用を容易化するためのツールである。

(i)仮想環境構築上の課題

今日の情報システムは、VMやコンテナなどの仮想環境なしには考えられない。仮想環境の構築により、ハードウェア資源を裸で使う場合に比べて、はるかに柔軟で効率の良いシステム活用ができるからである。

しかし、仮想環境を構築するためには一つ一つのVMを定義して、その上にOS、ミドルウェア、アプリケーションなどのソフトウェア等を入れ込んでいかなくてはならない。1台のVMだけでなく、数十、数百、さらにはそれ以上のVMに対してこれを行うのは大変な作業であり、また、作業量が多いと誤りが入る可能性も高くなる。

そこで、仮想環境の普及とともに、その構築と運用を支援するツールが考案され、普及するようになってきた。Vagrantは仮想環境の構築・運用を支援する代表的なツールである。

(ii) Vagrantの特徴

Vagrantは、仮想環境の構築・運用を支援するツールであり、2010年にHashiCorp社からリリースされた。次のような機能を持っている。

① 使いたいOSが動作するVMを生成する。
② 生成したVMの物理的な属性(例えばRAMの量やCPU数)を変更する。
③ ネットワークインタフェースを立ち上げ、自分のVMにアクセス可能とする、さらには他のVMとの間のアクセスを可能とする。
④ 共用フォルダをセットアップし、自分のVMで編集しているファイルの変更内容を、立ち上げたゲストVMにそのまま反映させる。
⑤ VMを起動し、動作させる。
⑥ VMのホスト名称を設定する。
⑦ VMを停止、削除する。
⑧ VMを状態ごとにパッケージ化する。これにより、他の開発者に

配布可能となる。

Vagrantについての情報はプロジェクト単位で設定し、各プロジェクトは独立した作業環境を持つことになる。この情報は以下のような情報から構成され、Vagrantfileに格納・保存される。

① VMの属性情報
② OSに関する情報
③ インストールする必要があるソフトウェア
④ ネットワークアクセスに必要とされる情報

Vagrantfileは、バージョン管理ツールの管理配下に置かれ、複数の作業者間で共用可能である。また、Rubyで記述されており、理解が容易である。

VMをゼロから生成するのは時間と手間がかかり、リソースを浪費することになる。Vagrantでは、生成済みのVMをその上のOS環境とともに保存し、再利用することができる。これをboxと呼ぶ。boxを活用することにより、VM環境を効率よく使いまわすことが可能になる。

(3) システムプロビジョニング連携ツールチェイン

システムプロビジョニング作業は複数の作業手順からなる複雑な作業であり、関連するツールを連携させるためのシステムプロビジョニング連携ツールチェインの活用が望ましい。

以下では、例としてVagrantを中核としたシステムプロビジョニング連携ツールチェインについて、概要を述べる。この連携により、システムプロビジョニングに必要とされるVagrantの起動、VMの起動、構成管理ツールの起動、またこれを用いたOS等の関連ソフトウェアの起動など関連する一連の手順がまとめて実施される。

1. Vagrantを起動する。
2. 実際の作業を行う作業VMを確保するために、新しいVMを起動する。Vagrantの当初バージョンではOSSであるOracle VM VirrualBoxだけが利用できたが、現在では他のVMシステムも利用可能である(Oracle VM VirtualBoxの詳細は、6.3

(2) (iii)参照)。
3. Vagrantの機能を使ってシステム構成管理ツール (Puppet、Chef、Ansible。6.6節参照) をインストールする。
4. システム構成管理ツールを使って、各VMにOS、ミドルウェア、各アプリケーションに必要とされるソフトウェアをインストールする。

6.3 VM

近年、VM技術は急速に普及しつつあり、クラウドサービスを実現する上での基本技術となっている。本節ではVM技術への期待と代表的な技術について述べる。

(1) VM技術への期待

VM技術への期待は、次のようにまとめられる。
① 1台の物理マシンを複数台のVMに対応させる、あるいは複数の物理マシンで1台のVMを実現するなど、物理マシンとVMのマッピングが自由に行える。これにより、リソースを無駄なく効率よく活用できる。
② 仮想化を通じてマシン環境を標準化できる。これにより、マシン環境の管理作業を標準化・効率化できる。また、集中・統合管理が容易になる。
③ 物理マシンの障害時に、VMの対応を予備の物理マシンに切り替えることにより、VMを継続運用できる。
④ システム障害時に、遠隔地の予備の物理マシンにVMの対応を切り替えることにより、BCP(Business Continuity Planning)対策の一手段を提供できる。

(2) 代表的なVM技術

最近では、VMを実現する技術はハイパーバイザ(hypervisor)と呼ばれることが多い。代表的なハイパーバイザとして、次のようなものが挙げられる。VM技術の普及につれて、最近では、一つのユーザが複数種類のハイパーバイザを使用していることも珍しくない。

①VMware ESXi
②Citrix XenServer
③Oracle VM VirtualBox
④Microsoft Windows Server Hyper-V

以下で、各ハイパーバイザについて説明する。

(i) VMware ESXi

VMware社は、コンピュータの仮想化用ソフトウェアを製造・販売する米国カリフォルニア州に本拠を置く会社であり、1998年に設立され、2004年1月にEMCコーポレーションによって買収された。2003年には日本法人であるヴイエムウェア(株)が設立された。

同社は仮想化のための多様な製品群を提供しており、クラウド化が進展する中で、ビジネスを急速に拡大した。実際に、多くのクラウドサービス業者においてVMware社の製品が使われていて、いまや老舗的な存在と言える。VM用ソフトウェアの領域で、同社はMicrosoft社と熾烈な競争を演じている。両者ともに相手を強く意識していて、自社製品がいかに優れているかを強力に宣伝している。

vSphereは、データセンターにおけるサーバ統合と集中管理を目的とするVMware社の主力製品である。VM機能を提供するVMware ESXと、管理機能を提供するVMware VirtualCenterを中心に、多数の製品やオプション機能から構成されるスイートである。

VMware ESXiは、VMware ESXの中核となる機能だけを取り出した無償ソフトウェアである。VMシステムでは、実機マシンで動作してVMを実現するOSをホストOS、VM上で動作するOSをゲストOSと呼んでいる。VMware ESXiはハイパーバイザなので、ホストOSは存在せず、VMkernelと呼ばれる専用のホストカーネルが直接ハードウェア上で動作してVM環境を構成する。このVMkernelはマイクロカーネルでプロンプトを持たず、マンマシンインタフェースとしてサービスコンソールもしくはコンソールOSと呼ばれるLinuxを同時に動作させている。一方、ゲストOSとしては、Linux、Windowsをはじめとして、x86およびx64プロセッサ上で動作するほとんどのOSがVMware ESXi環境で動作する。

(ii)Citrix XenServer

Citrix Systems社は米国フロリダ州に本拠を置くIT企業であり、1989年に設立された。VM、仮想デスクトップ、クラウド運用などのためのソフトウェアを販売している。

同社の主力製品としてCitrix XenServerがあるが、これは無償で提供され、Citrix XenServerを含む総合的なソリューションの提供によりビジネスを展開している。

Citrix XenServerはもともとXenServer社の製品であった。XenSource社の母体は、創立者でありケンブリッジ大学の上級講師である Ian Pratt が率いる、ケンブリッジ大学の研究プロジェクトである。フリーソフトウェア・プロジェクトによるXenSourceの開発と、有料のエンタープライズ版XenSourceを販売し、一般向け製品の最初の公開は2003年に行われた。

Citrix Systems社は2007年にXenSourceを買収した。2010年には、製品体系が次のように改められている。

- ・XenServer（無償版）
- ・XenServer Advanced Edition
- ・XenServer Enterprise Edition
- ・XenServer Platinum Edition

また、Citrix Systems社はVM技術の開発においてMicrosoft社と連携している。後述するMicrosoft Windows Server Hyper-VとCitrix Xenserverは、名前は異なるが同じハイパーバイザである。すなわち、VMビジネスにおいて、両者は連携し、VMware社に対抗している。

(iii) Oracle VM VirtualBox

VirtualBoxは、x86/x64アーキテクチャプロセッサ対応の本格的ハイパーバイザである。フリーソフトウェアとして提供されていることから、極めて人気が高く、広く利用されている。

VirtualBoxは、2007年にinnotek社により、GNU Public General Liscenseのもとフリーソフトウェアとしてリリースされた。2008年にinnotek社はSun Microsystems社により買収され、さらに2010年にSun Microsystems社はOracle社により買収された。それ以来、製品の正式名称はOracle VM VirtualBoxとなり、現在に至っている。なお、innotek社は、Connectix社のVM製品開発にも協力し、後にConnectix社がMicrosoft社に買収されたことから、同社のVM開発戦略の一端をも担うことになった。

VirtualBoxは、次のような特徴を持っている。

① 無償のオープンソースVMである。
② ホスト型のハイパーバイザである。
③ 多くの32bit/64bit OSが動作可能である。
④ 最大で32個の仮想CPUをサポートしている。
⑤ 1つのディスクを複数のVMで共有する共有ディスク機能を持っている。
⑥ 共有フォルダを使い、ホストOSとゲストOS間でファイルの共有が可能である。

(iv) Microsoft Windows Server Hyper-V[38]

Hyper-Vは、Microsoft社が提供するハイパーバイザである。システムの大規模化、クラウド化が進む中で、VM技術の開発は、Microsoft社にとっても戦略的課題であった。この分野での遅れを取り戻すために、同社は2003年にConnectix社を買収し、その技術をもとに2004年にMicrosoft Virtual Serverを発売した。

当初のHyper-Vは、このMicrosoft Virtual Serverを置き換える形でWindows Server 2008のx64エディションの1機能としてベータ版が出荷され、正式版が2008年に公開された。その後もHyper-Vは拡張され続け、Windows Server 2012にはHyper-V 3.0が搭載されている。

図6.1に、Hyper-Vのアーキテクチャを示す。ハイパーバイザの下のRoot PartitionでHyper-V Aware Windows Severが親として動き、その他のChild PartitionでゲストOSが動くようになっている。

前述したようにHyper-Vは、Citrix SystemsのXenServerと共同開発・共通化を行っている。

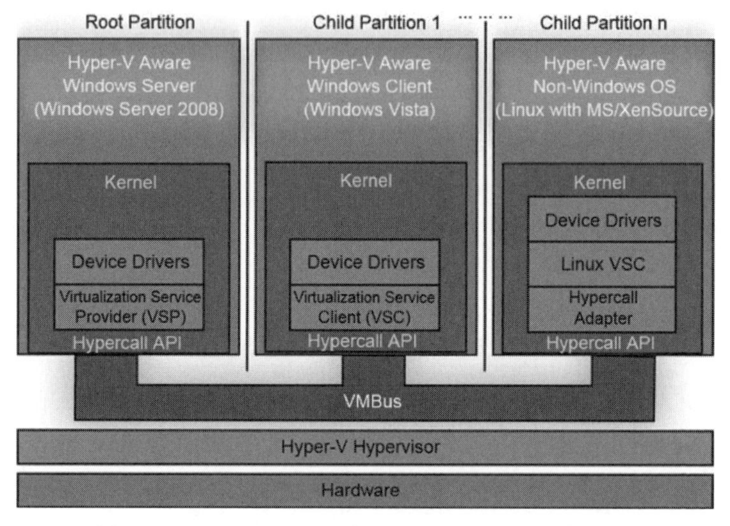

図6.1 Microsoft Windows Server Hyper-Vのアーキテクチャ
（文献［37］より引用）

6.4 コンテナ型仮想化[39-41]

本節では、コンテナ型仮想化の概要と、運用のためのソフトウェアについて解説する。

(1) コンテナ型仮想化

VMは、図6.2に示すようにハイパーバイザ配下に実現され、ハードウェアやOSを含めて全てが仮想化される。一方、コンテナ型仮想化では、コンテナ管理ソフトウェアのもとに、複数のコンテナが動作して、このコンテナが仮想化を実現する。コンテナには、ミドルウェア（および依存ライブラリ）とアプリケーションが含まれる。すなわち、OS配下の全てのソフトウェアがパッケージングされる。

コンテナ型仮想化ではVMと比較して仮想化の範囲が少ないので、オーバヘッドが少なくなるため、配置作業が高速で容易にできる。

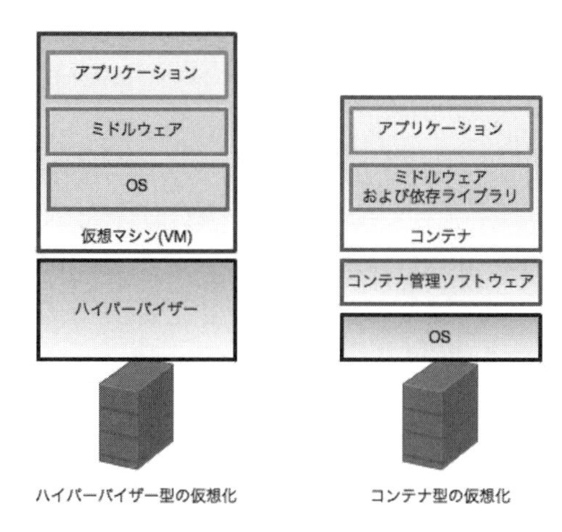

図6.2 ハイパーバイザ型仮想化とコンテナ型仮想化（文献［40］より引用）

(2) Docker

DockerはDocker社が提供するコンテナ管理ソフトウェアであり、下記の機能を実現している。

① コンピュータリソースの隔離および制限を行う。

② ネットワークで他のホスト、他のコンテナとのリンクを行う。

③ ファイル/ディレクトリの世代と差分の管理を行う。

“Build, Ship and Run any app, anywhere”が、Dockerの標語である。図6.3はDocker社の旧ホームページであったが、現在は他のホームページが使われている。

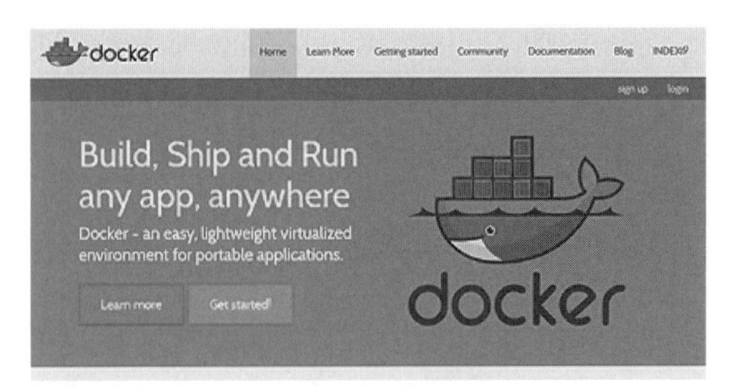

図6.3 Docker社のホームページ（Docker社の旧ホームページから引用）

Dockerは、新しい技術を用いて実現されているわけではない。Unix系のOS(FreeBSD、Solaris等)で長い時間をかけて開発され、Linuxへ引き継がれてきた、次の技術を用いて実現されている。

① Linux Namespaces：コンピュータリソースを隔離する（ファイルシステム空間の区画化等）。

② Linux cgroups：コンピュータリソースを制限する。

③ AUFS/Device Mapper Thin Provisioning：ファイル/ディレクトリを差分管理する。これにより、共通部分と変更差分を分離して管理、かつ、統合化して利用できる。

④ Linux iptables：他のホスト、コンテナとのネットワークを構成する。

Dockerはこれら①～④の技術をうまくパッケージングして使いやすくしたものと言える。また、Google社、RedHat社、Amazon社を味方に引き入れて支援を取り付けたことも、成功の主要因と捉えられている。

Dockerはインフラ管理者に次のようなメリットをもたらす。

① アプリケーションを少ないリソースで効率よく実行できる（VMで実行するよりも高速である）。

② Immutable Infrastructure（不変のインフラ構成）の実装。Immutable Infrastructureとは、アプリケーションの実行環境を使い捨てとし、環境を必要な都度作り直すことにより構成変更を行って、アプリケーションの実行環境をより管理しやすくすることをいう。

③ Infrastructure as Codeの実践。DockerはInfrastructureであるコンテナの構成を全てDockerfileというテキストファイルにCodeで記述できる。

また、Dockerはアプリケーション開発者に、次のようなメリットをもたらす。

① Dockerでは、コンテナの元となるDockerイメージを異なるホスト間で共有できる。これにより、開発環境が簡単に用意でき、かつリリース環境と共通化できる。

② Dockerは一般プロセスで動き、VMでいうOSのブート処理が不要である。これにより、アプリケーション実行環境を高速にデプロイできる。

(3) Kubernetes

Kubernetes(クーベルネテス)は、複数のコンテナを効率よく連携させる「オーケストレーション」の仕組みを提供するソフトウェアで、Google社が開発し2014年に公開した。2015年には、これをLinux Foundation傘下のCNCF(Cloud Native Computing Foundation)に管理を委譲し、オープン化した。CNCFのパートナーには、Google社のほかにもAT&T、Cisco、CoreOS、Docker、IBM、Intel、Red Hat、VMwareなどが名前を連ねており、Kubernetesはデファクトスタンダードとなっていくものと思われている。Kubernetesは、「船の操舵手」を意味し、シンボルマークは図6.4に示すように「船の舵」である。

図6.4 Kubernetesのシンボルマーク(文献[42]より引用)

Kubernetesの機能は、概略して次のようにまとめられる。

① 関連するコンテナのグルーピング。コンテナはマスター(master)とミニオン(minion)に分類され、マスターは複数のミニオンを制御する。

② コンテナに割り振られるIPアドレスの管理。

③ コンテナ間のネットワークルーティング管理。クラスタ環境において、どのマシン上でコンテナが稼働しているのかを意識せずに、コンテナとIPアドレスを紐付ける。

④ スケーリング(負荷分散)。起動しているコンテナの数を自由に変更できる。

⑤ コンテナに割り当てるストレージの管理。

⑥ フェイルオーバー(コンテナが異常終了したことを検知し再起動させる)。

⑦ コンテナの監視。

また、Kubernetesは、次のような構造で実現されている。

① コンテナのホストとなる物理的もしくは仮想的なマシンを、ノード(node)という単位で管理する。

② コンテナが同一ホスト上で動作しているプロセスのリソースを隔離し、異なる環境のように見せる。

③コンテナはマスターとミニオンに分類され、マスターは複数のミニオンを制御する。

④1つ以上のコンテナを協調動作する単位でまとめたものをポッド(pod)と呼び、負荷の高いアプリケーションはポッドで実現される。なお、ポッドは同一ノード上での動作が前提となる。

⑤アプリケーションは、大きくモノリシックな構造ではなく、より小さい独立した部分に分割され、動的に展開・管理される。これにより各々のアプリケーションの粒度が小さくなり、マイクロサービス化を促進する。

6.5 クラウドサービス

本節では、アジャイル開発に欠かすことのできないクラウドサービスについて解説する。

(1) クラウドサービスとは

クラウドコンピューティングサービス(以下、クラウドサービス)とは、ネットワーク(インターネット)を介して、CPU、ストレージ、ネットワークなどの大量のコンピュータ資源を複数のユーザで共有する仕組みである。

クラウドは本質的にマルチユーザ環境であり、多数のユーザのために同時に動作する。このため、ユーザIDを管理・認証し、それぞれへ割り当てられたリソースへのアクセスを排他的なものとして、他のユーザとかち合わないようにしている。

クラウドでは、多種多様な大量のハードウェアを多数のユーザで共有することから、それらを仮想化し、仮想化インタフェースで使用できるようにしている。ユーザは、量や時間に応じてリソース使用料金を支払う。

米国標準技術研究所NIST(National Institute of Standards and Technology)によるクラウドの定義は次のとおりである[43]。

> "Cloud computing is a model for enabling convenient, on-demand network access to a shared pool of configurable computing resources (e.g., networks, servers, storage, applications, and services) that can be rapidly provisioned and released with minimal management effort or service provider interaction."
>
> ＜和訳＞クラウドコンピューティングとは、共有化されたコンピューティング資源（ネットワーク、サーバ、ストレージ、アプリケーションおよびサービス）を、最小の努力とサービスプロバイダとのインタラクションで高速に準備・リリース可能とする、便利なオンデマンドネットワークアクセス可能モデルである。

また、NISTによるクラウドの特徴は以下の5つである。

① On Demand and Self Services（オンデマンド・サービスである）
② Broad Network Access（広帯域でどこからもアクセスできる）
③ Resource Pooling（リソースがプール化されている）
④ Rapid Elasticity（迅速かつ柔軟である）
⑤ Measured Services（利用料でき高払いのサービスである）

(2) クラウドサービスの分類

クラウドサービスは以下のように分類される（図6.5参照）。

① HaaS(Hardware as a Service)/ IaaS(Infrastructure as a Service)：ハードウェアおよびOSをサービスとして提供する（例：AWS(Amazon Web Service)）。
② PaaS(Platform as a Service)：アプリケーションソフトウェアを実行するための基盤（主としてAPI）を提供する（例：Google AppEngine、Force.com）。
③ SaaS(Software as a Service)：アプリケーションソフトウェアをサービスとして提供する（例：GoogleApps、Salesforce.com）。

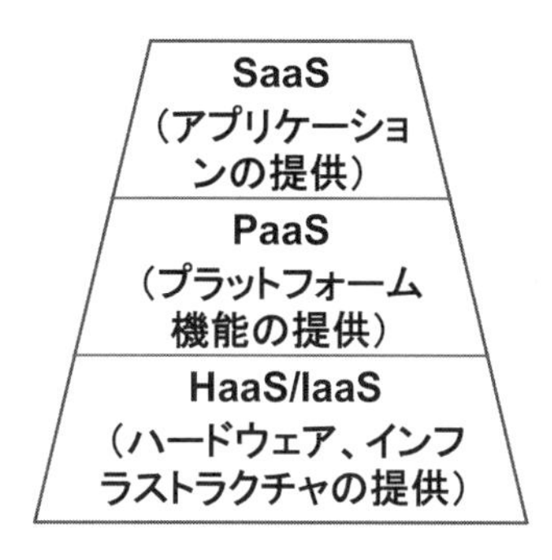

図6.5 クラウドサービスの分類

(3) クラウドサービスの特徴

ビジネス面から見たクラウドサービスの特徴は以下のとおりである。

① 伸縮自在性：必要に応じて使用量を調整できる。使用量は、時間・分・秒単位で計測され、使った量に応じて課金される。

② 規模の経済性：世界的な規模でのサービス運用であるため、不動産、電力、コンピュータ資産、人材などの確保において、規模の経済性を発揮でき、規模の拡大とともにサービス単位のコストを低減できる。

③ 先行投資不要：必要なときに必要に応じて利用できる。

④ 固定費用の変動費用化：サービス使用量がリアルタイムに把握でき、それに応じて料金を支払えばよいため、費用を変動経費として処理できる。

⑤ 柔軟性：大規模リソースを短期間利用することにより、新しい可能性へ挑戦ができる。

また、クラウドサービスの技術的な特徴は以下のとおりである。

① 迅速なスケジューリング：外部トラフィックへの対応、あるいは内部での大量計算の要請に応じて、追加のリソースを数分で立ち上げることができる。また、不要になった場合にはすぐに返却できる。

② スケーラビリティ：事実上、無制限とも言えるスケーラビリティ

(システム規模)が得られる。

③仮想的なリソース：必要とされるリソースは、世界的な標準に基づいた仮想的なリソースとして利用できる。

④ビルディングブロック式：必要とされるリソースやサービスをビルディングブロック方式で組み立てて活用できる。これは、他のリソースやサービスとの関係を意識することなく、個別に積み上げて活用できることをいう。

⑤実験の容易さ：必要なリソースを一時的に利用して実験ができる。

(4) クラウドサービスの歴史

クラウドサービスが現れる前までの、そして現れてからの歴史の概略は、以下のとおりである[44]。

1. インターネットの普及：クラウドに先行して、1990年代にインターネットが爆発的に普及した。日本での普及率は、2000年に全世帯の50%を超え、現在では80%を超えている。これがクラウド普及の一つの大きな要因となった。
2. エンタープライズシステムのインターネット化：インターネットの普及に伴い、エンタープライズシステムもインターネットベースの“3-Tier Model”が普及するようになった。これは表層をウェブ、その後ろにビジネスロジック、後背面にデータベースを置いたシステムで、さらに、”SOAP/REST”によるウェブサービスへと発展した。
3. ネットビジネスの勃興：エンタープライズシステムのウェブ化は、ネットベースの新しいビジネスの出現を可能とした。Amazonは1997年、eBayは1998年、楽天は2000年に株式を公開し、世界規模の巨大システムを出現させ、ウェブスケールのシステム技術が必須とされるようになった。
4. ソーシャルネットの出現：Facebook、Twitter、YouTube等のソーシャルネットの出現は、個人が日常的にネットを活用することを加速し、ウェブスケールシステム技術はますます重要な位置を占めるようになった。

5. Googleの大規模分散システムの登場：Googleの株式公開は2004年である。クラウドとは言わなかったものの、ウェブスケールシステムの巨大さと特質を認識し、大量の安価なマシンの協調動作、巨大DB、そしてそれらに対する信頼性確保の技術を開発した。
6. AmazonによるAWSの開始：Googleによるクラウドサービスは、一般のサービス消費者を対象としたものであった。これに対してAmazonは、2006年にエンタープライズシステム向けのクラウドサービスであるAWSを開始した。AWSは、エンタープライズシステム開発に関与する者たちにとって画期的なサービスであった。
7. クラウド概念の確立とさらなる展開：AWSの出現によりクラウドコンピューティングの概念が確立された。これを受けてGoogleは、Google App Engineサービスを開始した。またMicrosoftは、2008年にWindows Azureを開始した。Windows Azureは、既存システムとクラウドベースのシステムが共存できるように、また、既存システムからクラウドベースシステムへの移行が容易にできるように設計されている。

(5) 代表的なパブリッククラウドサービス

現在、世界規模でビジネスを展開している代表的なパブリッククラウドサービスとしては、以下が挙げられる。

① Amazon：AWS(Amazon Web Service)
② Google：GAE(Google App Engine)とGoogle Apps
③ Salesforce.com：Salesforce Platform
④ Microsoft：Windows Azure Platform
⑤ SAP：HANA
⑥ IBM：SoftLayer

(6) クラウドAPIの標準化

(i) AWS互換API [45-48]

クラウドは、アプリケーションソフトウェアとこれを利用するプログラムとのインタフェースであるAPI(Application Programming Interface)インタフェースを提供して、プログラムから操作できるようにしている。しかし異なるクラウド間ではAPIの互換性がないという問題があり、これを解決する必要がある。

IaaSにおいてはAWSが先駆者であり、図6.6に示すように他社を圧倒している。クラウド業界ではAPIをAWSに合わせたAWS互換クラウドを提供しようとの動きがある。アプリケーションソフトウェアの互換性は、OSやミドルウェアのAPIの互換性が保証されれば達成できる。これは、ベンダーが異なる仮想化リソースを使っている場合でも保証される。すなわち、AWS互換クラウドとは、APIをAWS互換にしたクラウドであり、実用上のメリットが極めて大きい。

運用の高度な自動化を進めるにあったては、アプリケーションソフトウェアに適合した仮想化リソースを自動的に確保し、トラフィックに応じて仮想化リソース量を調整できるとよい。そのためには、仮想化リソースの運用のためのAPIを別途開発して、利用する必要がある。この運用APIがクラウド間や仮想化ベンダー間で異なる場合、運用ソフトウェアのポータビリティが確保できなくなる。

このような背景から、クラウドの普及とともに多様なクラウド管理用のAPIが提案されており、その多くはOSS化されて、仲間を集めている。代表的なものは、次に紹介するOpenStackとCloudStackであり、両者ともAWS互換のAPIを提供し、複数ベンダーの仮想リソースに対応している。

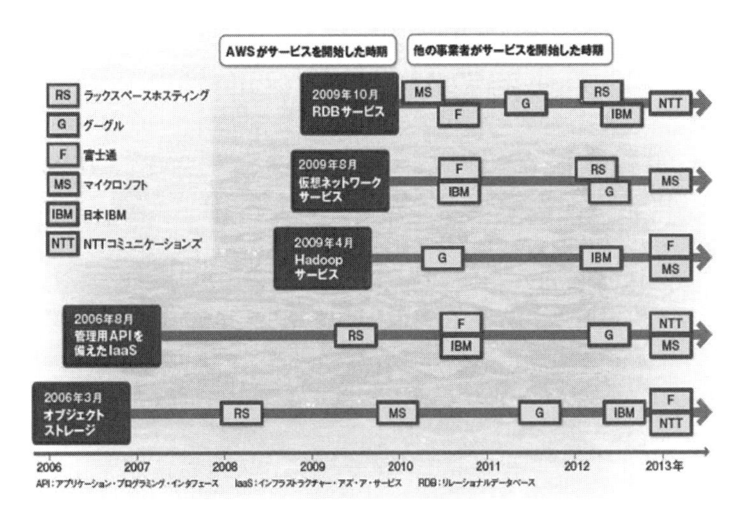

図6.6　急増するAmazon互換クラウド（文献［48］より引用）

(ii) OpenStackが提供する機能

OpenStackは、2010年にクラウドサービス会社であるRackspace Hosting社とNASAによって始められたIaaSプロジェクトである。IBM、HP、NEC、Red Hat、Cisco、Intel、Yahoo!、VMware、PayPal等の大手企業が名を連ね、クラウドコンピューティングのオープン化の大きな流れを推進している。

OpenStackは、下記の機能を提供している。

① OpenStack Compute：ハイパーバイザにより提供される仮想化リソースをリソースプールとして管理する。IaaS基盤の中核部分。

② OpenStack Object Store：オブジェクトストレージ機能。

③ OpenStack Dashboard：OpenStackサービスを管理するためのユーザ用および管理者用のGUIインタフェース（管理コンソール）。

④ OpenStack Image Service：仮想マシンイメージのカタログサービス。マシンイメージをストレージに保存可能とする。

⑤ OpenStackIdentity：OpenStackの各コンポーネントの統合・認証・認可管理サービス。

(iii) CloudStackが提供する機能

CloudStackは、VMOps社が開発し、2010年にリリースした。同社は、2011年にCitrix社に買収され、Citrix社は2012年に、CloudStackを製品としてリリースするとともに、Apache Software Foundationに寄贈し、OSSとしても提供している。

CloudStackは、下記の機能を提供している。

①Management Server：CloudStackのフロントエンドで、ユーザ用と管理用のGUIやAPIを提供する。ユーザはManagement Serverを介して仮想サーバの操作を行う。具体的にはCloudStack環境の構成の管理や、仮想サーバのプロビジョニング等である。

②Database Server：仮想サーバ等のリソースの状況をDBに管理する。DBにはMySQLを利用している。

③Computing Node：コンピューティングリソース(CPU、メモリ)を提供する。

④Primary Storage：仮想ディスク用のストレージ領域を提供する。

⑤Secondary Storage：仮想サーバのテンプレートイメージやスナップショットを保存するためのストレージ領域を提供する。

⑥Usage Server：リソースの使用量を計測し、提供する。

6.6 システム構成管理

大規模な情報処理システム、特にクラウドコンピューティングシステムにおいては、システムがどのように構成されているかを管理するシステム構成管理が重要であり、それを自動化する仕組みを組み込んでおく必要がある。

(1) システム構成管理の重要性の増大

情報システムが大規模化・複雑化するにつれて、システム構成管理の重要性が認識されるようになっていった。特に、近年のクラウドシステムの出現はこの傾向を急加速することとなった。

クラウドシステムでは、VMの形式でハードウェアを自由に調達・改変できる。数十、数百、さらにはそれ以上のVMが利用されるようになってきているため、それらを正しく管理しなくてはならない。作業量が多いだけではなく、誤りを起こさないようにするためには大変な努力が必要である。また、VM間の相互関係も管理する必要がある。

VMにはそれぞれにソフトウェアが搭載されている。ソフトウェア自体がOS、DB、ウェブシステム等などによって複雑に構成されており、それらはバージョン管理しなければならない。

このように現代の情報システムの構成管理は極めて複雑になってきており、優れた管理ツールなしにはやり遂げられない。

(2) システム構成管理ツール

(i) 代表的なシステム構成管理ツール

代表的なシステム構成管理ツールとのその歴史は、次のとおりである。

① CFEngine：オスロ大学のMark Burgess等の研究に基づいて1993年に開発されたシステム構成管理ツールであり、OSSとして提供されている。システム構成管理ツールの基礎を築き上げたシステムであり、現在でも活用されている。

② Puppet：CFEngineをもとにより使いやすく改良された、Unix系システムを対象としたシステム構成管理ツールである。2005年からOSSとして提供されており、Rubyで記述されている。Google社、Twitter社、Oracle社等の多くの組織で使用されており、特徴は次のとおりである。

- 独自のDSL(Domain Specific Language)によりシステムを管理する。
- 抽象化レイヤを持ち、多様な環境（ソフトウェアおよびハードウェア）に対応できる。
- クライアント/サーバ型アーキテクチャである。
- 管理対象リソース間の依存関係を管理する。
- Ruby記述のため理解しやすく、改造・拡張が容易である。

③ Chef：CFEngine、Puppetを参考としてさらに改良を加え、使いやすくしたツールで、OSS版と商用版の両方がある。Puppetと同様にRubyで記述されているが、Puppetが外部DSLであるのに対してChefは内部DSLであり、改良しやすい。2009年から提供されているが、DevOpsの流れに乗って急速にコミュニティを拡大している（(ii)参照）。

④ Ansible：システム構成管理ツール中では後発であり、先行するPuppetやChefの長所を取り入れつつ、特に使い勝手の上で大きく改良している。Ansible, Inc.により開発されたが、2015年にRed Hatにより買収された。近年、Linuxユーザの間では優先的に活用されている。

　Ansibleでは易しいYAML形式のテキストで必要とされる構成管理情報を記述し、これを実行して構成管理を行う。YAML形式の表現は、開発者・運用者の双方が容易に理解できる（(iii)参照）。

(ii) Chef [49, 50]

Chefは、米国Opscode社が開発・販売しており、OSS版と商用版がある。日本では、2010年からクリエーションライン社が商用版の販売やChef導入支援事業を行っている。Chefを使った運用管理の仕組みは、次のとおりである（図6.7参照）。

まず、運用管理者は専用ソフトを使って「クックブック」と呼ぶ作業手順書を作成し、それをChefサーバに登録する。管理対象サーバにインストールした専用ソフトがChefサーバに定期的にアクセスしてクックブックを参照し、クックブックに合うように管理対象サーバ上で必要なコマンドを実行する。管理者はChefサーバにあるクックブックをメンテナンスするだけで、サーバ群を一元管理できる。

実際の作業や設定内容は、クックブック内の「レシピ」と呼ぶファイルに記述する。クックブックやレシピは一から作ることができるが、他者が作ったものを流用することもできる。Opscodeのウェブサイトには、ユーザが作成したものを含めて700以上のクックブックが登録されており、それらを情報資産として流通、再利用できる。

レシピに記した作業手順はアプリケーションのソースコードのように管理でき、バージョン管理システムのGitやSubversionなどで扱うことが可能である。これにより、任意の設定を適用しているサーバの検索などが容易になり、開発担当者が従来よりも運用の実態を把握しやすくなる。

なお、ChefとPuppetには開発の経緯からして共通点も多いが、Chefは次の点で勝っていると言われる。

① 内部DSL形式になっていて、Rubyで容易に拡張できること。
② RESTful APIを用いて、他のウェブサーバと自由に連携できること。
③ Chefサーバ自体をAPIでコントロールできること。

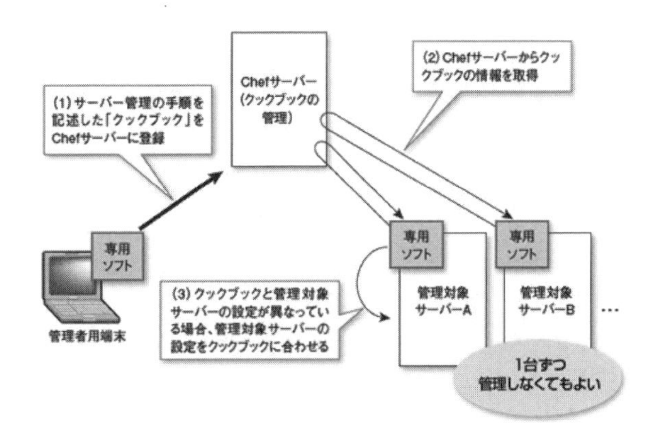

図6.7 Chefを使ったシステム運用管理の仕組み（文献[49]より引用）

(iii) Ansible [51]

Ansibleは、Puppet、Chefに並ぶシステム構成管理ツールである。この3者の中では後発であり、先行するPuppet、Chefの長所を取り入れつつ、特に使い勝手の上で大きく改良されている。Ansible社により開発されたが、2015年にRed Hat社により買収された。以降、Ansibleはその使い勝手の良さが評価されて急速に普及しており、特にLinuxユーザの間では優先的に活用されている。特徴は以下のとおりである。

① OSSであり、コマンドインタフェースで提供される。GUIインタフェースを提供するAnsible Towerは、Red Hat社から有料で提供されている。

② エージェントレスアーキテクチャで構成されているので、管理対象サーバにエージェントソフトウェアが不要である。

③ Pythonがインストールされていることが必要条件である。ただし、最近のLinuxではPythonは標準インストールされている。ホストマシンから管理対象にコマンドを送り、Pythonを動作させて構成管理を行う。

④ プログラミングの知識は不要である。YAML形式のテキストファイルに手順を列挙し、Playbookという名称のファイルに格納すると、AnsibleがこのPlaybookの内容を実行して構成管理を行う。これにより、DevOps理念に必須である、開発者と運用者の間の知識の共有が行いやすい。

⑤ Playbookに記述すべき標準的なYAMLテキストは、Ansibleモジュールとして豊富に用意されている。ほとんどの構成管理情報はこれを再利用するか、それに若干の変更を加えて作成できる。

⑥ Ansible-Galaxy機能を用いて、Playbook内の流用可能な処理を「ロール」という単位で分離し、ロールを共有できる。

⑦ 対象リソースに対して「何を実行するのか」ではなく、「どういう状態があるべき姿なのか」を記述する。そのため、同じ処理を何回実行しても同じ結果になる。この性質を冪等性と呼ぶ。

第7章
システム運用支援

情報処理システムが社会的に広く普及し、その運用方法が社会に与える影響が大きくなってきている。本章では、セキュリティ管理、運用データの収集・保存・分析、リソース使用状況監視等の課題、近年注目されているDevOpsについて解説する。

7.1 システム運用の変化と課題

開発したシステムの運用においては、基本的に開発と運用のギャップを克服していく必要がある。開発機能に重点を置いたがために運用が困難なシステムは、受け入れ難い。

また、システムは多様な要素の組み合わせで構成されており、その各々は時間の経過とともに技術革新の影響を受ける。運用においては、このことを予想し、対応していく必要がある。

(1) システム運用の基本的課題

システム運用の課題は、①開発と運用のギャップの克服、②技術の変化への対応の2つに大きく分けられる。

①はITシステムの運用に基本的に存在する課題であり、今日に始まったことではない。開発と運用の関係においては運用が軽視されがちであり、投資のアンバランスが生じやすい。しかし、近年ではサービスの価値と重要性がより強く認識されるようになってきており、このアンバランスの是正が必要とされている。

②は、ネットワーク化やクラウド化などの技術革新に伴う変化に、運用側も着実についていかなくてはならないということである。技術

の変化は運用面にも大きな影響を及ぼし、これを直視してしっかりと対応していく必要がある。

(2) 開発と運用のギャップの克服

過去にはITシステムの用途は限定されており、その機能は固定的で、大きな変化を受けることが少なかった。この意味でITシステムは「道具」であったと言いえる。開発こそが重要であり、運用においては固定的な機能が正しく動くようにお守りすることだけが求められた。

しかし、時代とともにITシステムは人間社会のパートナーへと変わった。機能は固定化できず、社会の変化とともに常に改変を求められ、多くの他のITシステムと連動するようになってきた。したがって、開発はほんの始まりに過ぎず、その後、運用とともに多くの変更が加えられるようになった。ITシステムは、社会の発展とともに変化していく生き物となったと言えよう。

いまや、開発と運用を切り離して考えることはできない。その象徴的な言葉がDevOps(Development & Operations、開発と運用の融合)である。DevOpsについては、7.7節でより詳細を述べる。

(3) 技術の変化への対応

ITシステムには、絶え間なく技術革新が行われてきたが、特に大きな影響を及ぼしたのはネットワーク化と、クラウド化を含む仮想化であると言えよう。ネットワーク化により、多数の遠隔ユーザによるITシステムの共用が実現され、その利便性は大きく拡大された。それとともにITシステムは大規模化・複雑化し、また、セキュリティ等の新たな問題を抱え込むこととなった。

仮想化は、物理的なひと組の大規模システムの中で多数のITシステムを共存させることを実現した。大きな利便性をもたらしたものの、物理資源と仮想資源の対応を把握することは簡単ではなく、運用上の多くの困難をもたらした。7.2~7.4節では、これらの課題とその対応策について解説する。

7.2 セキュリティ管理

インターネットの普及とともに、セキュリティ上の脅威が猛威をふるうようになり、ITサービスを提供する上でもセキュリティ管理の重要性が増している。

(1) セキュリティ上の脅威

セキュリティ上の脅威は多岐にわたるが、代表的なものを以下に挙げる。

① 不正アクセス：ITリソースに悪意を持ってアクセスすることを不正アクセスという。具体的にはアクセス権がないのにあるかのように装い、情報を盗み、破壊し、改悪することをいう。

セキュリティ上の脅威は多岐にわたるが、代表的なものを以下に挙げる。

不正アクセスは、一般的に次の手順に従って行われる。

1. 事前調査：IPアドレス、OS種別、使われているアプリケーション等を手掛かりに、不正アクセスの目標とするウェブサイトに脆弱性がないかどうかを調べる。
2. 権限取得：脆弱性を利用してアクセス権限、さらには管理者権限を取得する。
3. 不正実行：ウェブサイトの改ざん、データの窃盗・改ざん・消去等の不正を実行する。あるいは、他のウェブサイトへの攻撃拠点にする。
4. 後処理：例えば、アクセスログから自分がアクセスした記録を消去するなど、不正に侵入した痕跡を消去する。また、次回以降のアクセスを容易にするための入り口として、バックドアを埋め込む。

② コンピュータウィルス：メールの添付ファイルや本文中のリンク、あるいは改ざんされたウェブサイトの中にウィルスを埋め込んで、不正を実行する。

③ 遠隔操作ウィルス：コンピュータウィルスのうち、遠隔操作を可能にしたものである。攻撃者は複数のサーバを経由して掲示板に指令を書き込み、遠隔操作ウィルスはこの指令を読み込んで行動を起こす。

④ 偽セキュリティソフト：これもウィルスによるものであり、PCの起動時に「ウィルスに感染した」との偽の画面が表示され、他の操作ができなくなる。有償の対策ソフトの購入を勧められ、クレジットカード番号が盗まれる。

⑤ アカウント乗っ取り：感染したPCのアドレス帳を使ってスパムメールを送る。受信者は友人からのメールと思い、罠にはまってしまう。

⑥ DDoS(Distributed Denial of Service)攻撃：標的に対して複数のPCから同時に大量のデータを送りつけることにより、サーバのサービスや機能を停止させるものである。攻撃者が複数、しかも乗っ取られたものであることから、真の攻撃者を特定することが難しい。

⑦ フィッシング：金融機関やクレジットカード会社を装ったメールにより、偽のウェブサイトに導かれて、ID、パスワード等の重要情報を盗まれる。偽のウェブサイトは本物とそっくりに作られている。

⑧ XSS (Cross Site Scripting)：脆弱性によって改ざんされたウェブサイトにアクセスした内容が他のウェブサイトに転送されて情報が盗まれるものである。

⑨ SQLインジェクション：ウェブサイトの入力フィールドにSQLコマンドを挿入してDB情報を操作し、データを盗むあるいは改ざんするものである。

(2) 暗号技術

(ⅰ) 暗号技術の方式[52-54]

セキュリティ対策の代表的な手段に、暗号技術がある。代表的な方式は、共通鍵、公開鍵、ハッシュ関数である。以下にその概要を述べる。

①共通鍵方式

暗号化鍵と複合化鍵が同じで、長所は暗号化・複合化の処理を高速に行えることである。この方式には、入力データを固定長に分割して暗号化するブロック暗号と、データ列を1ビットあるいは1バイトずつ暗号化するストリーム暗号がある。代表的な共通鍵暗号方式の種類を表7.1に示す。

共通鍵方式の弱点は、鍵を相手ごとに変える必要があるため鍵の数が多くなることと、鍵を相手に送らなくてはならず、紛失の危険が高いことである。

表7.1 代表的な共通鍵暗号方式の種類（文献［52］を一部改変）

種類	鍵長(bit)	方式	概要
DES	56	ブロック	Data Encryption Standardの略。1970年代初めにIBMが開発し、1977年に米国の標準暗号として採用された。
Triple-DES	168	ブロック	DESの安全性を高めるために考案され、DESを3回繰り返して処理する。
IDEA	128	ブロック	International Data Encryption Algorithmの略。スイスのAscom-Tech社によって開発された。
RC4	40～256(可変)	ストリーム	RSA社によって開発されたストリーム暗号で、IEEE801.11bの無線LANのWEPによる暗号化やSSL3.0/TLS1.0(128bit)に採用されている。
AES	128, 192, 256(可変)	ブロック	Advanced Encryption Standardの略で、DES後継の次世代暗号標準。

②公開鍵方式

暗号化鍵は公開されるが、複合鍵は秘密であり、受信者だけが持つ。受信者側の鍵だけを管理すればよいので、共通鍵方式と比べて管理がはるかに容易である。

一方、暗号化・複合化に要する処理は、共通鍵の数百倍かかる。したがって、現実の運用としては両方式を組み合わせて利用することが多い。送信対象を共通鍵方式で暗号化して送り、このための共通鍵のみを公開鍵方式で送ると、両方式の長所が生かせる。代表的な公開鍵方式の種類を表7.2に示す。

表7.2 代表的な公開鍵方式の種類（文献 [53] を一部改変）

種類	目的	概要
RSA	暗号化 署名 鍵交換	Rivest、Shamir、Adlemanの3名が1977年に発明したアルゴリズムで、素因数分解の数学的な難しさに基づいている。
DSA(Digital Signature Algorithm)	署名	米国標準技術局NISTが1991年に提唱したデジタル署名DSS (Digital Signature Standard)のためのアルゴリズムで、離散対数問題の数学的な難しさに基づいている。
ECDSA	署名	楕円曲線上の離散対数問題の困難性に基づく署名方式である。鍵長が短く、少ない計算量で同等の安全性を確保できることから、上記RSA、DSSよりも処理性能が高い。
DH(Diffie-Hellman)	鍵交換	W.DeffieとM.Hellmanが1976年に発表した共通鍵を安全に交換するための鍵配送アルゴリズム。

③ハッシュ関数方式

入力データを計算して、固定長（128bit、160bit等）のビット列を出力する。これをハッシュ値と呼ぶ。入力データの一部を変更するとハッシュ値は大きく変わり、また、ハッシュ値から入力データを推測することはできない。この性質を利用して、ハッシュ関数は改ざん検知や、デジタル証明書、パスワードの保存などに用いられる。表7.3に代表例を示す。

表7.3 代表的なハッシュ関数方式（文献 [54] を一部改変）

関数名	ハッシュ値長 (bit)	概要
MD5	128	RSA社が1991年に開発したもので、RFC1321として制定され、広く使用されている。1996年にその攻撃法が報告されたことから、電子政府推奨暗号からは除外されている。
SHA-1	160	国家安全保障局NSAによって開発され1995年に米国標準技術局NISTによって米政府の標準に採用された。その攻撃法が報告されたことから、NISTは2010年に運用を終了した。
SHA-2 (SHA-224, SHA-256, SHA-384, SHA-512)	224 256 384 512	SHA-1のハッシュ値長160bitでは不足したために開発されたもの。技術的には、SHA-1と同じ弱点を持つとされる。

(ii) Gpg4win

Gpg4winは、公開鍵暗号を用いて電子メールやファイルを暗号化するソフトウェアであるGnuPG(GNU Privacy Guard)のWindows版と、これを利用するためのユーティリティを1パッケージにまとめたソフトウェアである。Philip R. Zimmermann氏がOSSとして開発・公開したPGP (Pretty Good Privacy) をベースとした標準仕様OpenPGP (RFC2440) がある。GnuPGはOpenPGPに基づいており、オープンソフトウェアとして広く活用できる。

GnuPGはコマンドインタフェースのツールであるがGpg4winはGUIで利用できる。また、Gpg4winは、ドイツ政府の情報セキュリティ庁BSIが開発を支援している。

(iii) 電子署名

電子署名とは、電子文書の正当性を証明するためのサインや印鑑の役割を持つものである。主として、本人確認や、改ざん検出符号と組み合わせた偽造・改ざん防止のために用いられる。

電子署名の実現方式には、主として公開鍵暗号方式に基づくデジタル署名が用いられる。日本では、「電子署名及び認証業務に関する法律に基づく特定認証業務の認定に係る指針」の第3条で、RSA、DSA、ECDSA (表7.2参照) の3方式を指定している。いずれも公開鍵暗号方式に基づく方式である。

7.3 運用データの収集・保存・分析

ITで用いられる全てのハードウェア、ソフトウェアおよびサービスを、ITリソースと呼ぶ。ITリソースの運用状況は、アプリケーションから見た利用状況とITリソースの活用状況の両面から見ていく必要がある。本節では (1) で運用データの収集・保存・分析手法について、(2) でITリソース使用状況の監視・分析手法について説明する。

(1) アプリケーションから見た運用データの利用状況の分析

(i) 全文検索技術

文書やログ情報を分析するに当たっては、その中に含まれる文字列情報を検索・抽出するための全文検索技術が必要となる。最も基本となる技術としては、与えられた文字列で文書全体を単純に検索していくことが考えられるが、文書の量が膨大な場合には、この方法では極めて効率が悪く、多大な時間が消費される。

そこで、大規模な文書の検索・分析では転置索引方式が用いられる。検索対象となる文書を予め単語に分解して、どの単語がどの文章に表れているかの索引を作っておく。検索の実行時には、この索引を用いて検索対象の単語がどの文章にあるかを特定する。

今日の文書検索・分析ソフトウェアにおいては、この転置索引方式に基づく全文検索エンジンが用いられているのが一般的である。

(ii) 代表的な全文検索ツール

以下、全文検索ツールの具体例として、Lucene、Solr、Elasticsearch、ELKスタック（ELK連携）とFluentdについて説明する。

① Lucene：Apache Software Foundationのもとで開発が進められているOSSの全文検索エンジンである。LuceneはJavaで記述されており、JavaのプログラムからLuceneのAPIを呼び出すことができる。Luceneでは転置索引方式を採用しており、数百万件超の大量文書の高速検索を可能にしている。単語の検索、複数単語の連結、ワイルドカード、正規表現等の多様な検索機能に対応しており、AND/OR/NOT等の演算子を使って組み合わせた検索も可能である。このように機能が豊かで、かつOSSであることから広く活用されている。

② Solr（ソーラー）：Luceneを用いて実現されている検索サーバである。CNET Network社が開発して、ApacheにOSSとして寄贈したものである。

③ Elasticsearch：Elastic社が提供する全文検索ソフトウェアである。全文検索エンジンとして内部でLuceneを使っており、

OSSとして提供されている。

Luceneを全文検索エンジンとして使用している全文検索サーバとしてはSolrが先行しているが、Elasticsearchはこれをはるかに凌駕して、いまやデファクトスタンダードとしての地位を確立している。Elasticsearchは次のような特徴を持っている。

・スケーラブル：1台のマシンによる処理でも、多数台数のマシンによる並列処理でも柔軟に対応して、必要な性能を確保できる。

・スキーマレス：データ型を自動的に判定し、スキーマ（データマッピング定義）なしで分析ができる。

・マルチテナント：複数のインデックスを指定することができる。

・容易な可視化：視覚化ツールKibanaとの連携により豊かな視覚化ができる。

・Hadoop連携：ビッグデータ処理基盤Hadoopとの連携が可能。

④ ELKスタック（ELK連携）：E(Elasticsearch)は、L（Logstash)、K(Kibana)と連携して大量のデータの収集・分析・可視化を行う。この連携は、一般にELKスタックと呼ばれている。

Logstashは、ログを集めてElasticsearchに渡すためのツールである。様々な形式のログデータを形式変換してフィルタリングし、Elasticsearchで一括処理ができるようにする。

Kibanaは、Elasticsearchの処理結果を分かりやすい形式で視覚化するツールである。

⑤ Fluentd：ELKスタックにおいてLogstashの代わりに使われることがあるツールで、特に日本では多い。米国Treasure Data社が中心になって開発を進めているOSSで、“Log everything in JSON”の標語のもとに、全てのログをJSON形式で扱いKibanaで処理する。INPUT、BUFFER、OUTPUTの3つのプラグインがあり、Kibanaでの標準化処理を可能としている。

(2) ITリソース使用状況の監視・分析

ITリソースの使用状況を監視・分析するツールを以下に紹介する。

① HP OpenView：ITリソースの使用状況の監視・分析ツールとして古くから有名な存在である。監視項目をきめ細かく設定できること、大規模システムにも対応できること、等の点から業界の信用を築いてきた。いわば、「ITリソース使用状況の監視・分析ツール」の基礎を築いたと言えよう。

しかし、監視項目設定の手間がかかること、表示画面が分かりにくいこと、有料ソフトであり大規模システムにおいては費用がかさむことなどの理由により、②以下に紹介するOSSベースのツールと比べて、不利な状況に立たされつつある。

なお、HP OpenViewという名称の製品は現在では存在しておらず、Network Node Manager i(NNMi)と名称変更されている。

② Nagios：リソース使用状況の監視・分析ツールの分野のOSSとしては最も広く活用されてきたツールである。機能は30種類以上あるプラグインで実現されていて、その結果をウェブで表示できる。

Nagiosでは、監視項目の設定は設定ファイルをテキストエディタで書き換える必要があり、ここでミスが入りやすい、と嫌う人もいる。また、監視項目を追加するたびにシステムの再起動が必要である。

③ Zabbix：Nagiosよりも後発であるため洗練されており、OSSとしてのこの分野のデファクトスタンダードとしての位置を占める勢いがある。ウェブブラウザから監視項目を設定できる。

東京に日本支社Zabbix Japanがあり、有料でサポートサービスに対応している。本社はラトビアにあるZabbix SIA社である。

④ Pandora FMS & SoNar：スペインのArtica社の製品では、OSS版(Pandora FMS)と有料のエンタープライズ版がある。また、Pandora FMSをベースとしたサービス(SoNar)を提供

している。ウェブアプリケーションとして実現されており、監視項目はウェブプラグイン方式で追加できる。画面が極めて分かりやすく、顧客と共有可能である点が大きなセールスポイントである。また、開発には、日本の(株)アールワークスのメンバーも参加しており、日本語対応が充実している。

Pandora FMSの監視対象となる機器には、エージェントと呼ばれるソフトウェアが組み込まれる。また、エンベッディッド機器も対象とし、このうちAndroidで動作するものはPandroidと呼ばれている。エージェントは一定間隔でデータを収集して監視サーバに送信する。

⑤Munin：サーバの稼働状態を監視して、分かりやすいグラフ形式で表示するツールである。以下のような指標をグラフ表示することができる。

- CPU使用率
- Disk使用率
- メモリ使用量
- ネットワークのトラフィック

他にも、プラグインにより多くの項目について監視を追加できる。Muninはグラフ表示をすることに専念し、NagiosやZabbixのような異常状態の通知機能はない。したがって、NagiosやZabbix等と組み合わせて使うと効果的である。なお、監視対象のサーバの数を増やしたり、監視項目の数を増やしたりするとそれだけ負荷がかかり、負荷が過大になると正しいグラフ表示ができなくなるので、調整が必要となる。

⑥Cacti：伝統的なグラフ作成ツールであるPRDToolのフロントエンドとして使われる。指定された時間間隔でデータを取得して、PRDToolによりグラフ化する。CPU負荷やネットワークの帯域利用幅等のデータを取得するのが一般的な利用方法である。

⑦StatsD：リアルタイムにデータを収集して、1分ごとにGraphiteに書き込んでいくツールである。GraphiteはApacheのOSSであり、データを蓄積し、これをグラフ表示する機能を持っている。StatsDは、UDPを利用するためネットワーク負荷が少なく、

ネットワークを過負荷状態に陥らせることがない。

⑧MRTG：MRTG(The Multi Router Traffic Grapher)はネットワークの負荷を監視するツールであり、現在のネットワークのトラフィック状況をグラフ表示する。PerlとCで記述されており、UnixとWindows NTで動作する。

7.4 メッセージの交換・伝達支援

本節では、メッセージの交換・伝達支援のためのチャット運用とロボット運用、また、メッセージ音声の合成技術について述べる。

(1) チャット運用とロボット運用

チャット運用とは、インターネット上のチャット（対話）により運用上のメッセージを交換し、これにより運用作業の一部を自動化することをいう。また、このチャットと定型作業を連携させることによりある種の運用作業を自動化することを、ロボット運用という。以下ではチャット運用とロボット運用のためのツールを紹介する。

①IRC：IRC (Internet Relay Chat)は、インターネット上でチャットを可能とする仕組みである。インターネット上の複数のIRCサーバによりネットワークを形成し、利用者は専用のクライアントソフト（IRCクライアント）でそのいずれかに接続する。これにより、同じサーバに接続した他の利用者と会話できる。また、メッセージは同じネットワークに所属するサーバ間をリレー式に運ばれ、他のサーバに接続した利用者とも会話できる。

1993年にIETF(Internet Engineering Task Force)により、IRCプロトコルがRFC1459として国際標準化されて以降、多様なIRCサービスが開発、提供されてきた。IRCは、インターネット上での簡易な会話の技術と文化の基礎を築き上げてきたと言える。しかし、最近では、下記③のSlack等、IRCの機能を包含したより高度で使いやすいチャット技術が普及してきており、IRCそのものの利用は減ってきている。

②ChatWork：ChatWork(株)が開発・販売し、KDDI(株)がサービス提供しているビジネス向けチャットサービスである。チャット機能以外にも、タスク管理、ファイル共有、音声通話/ビデオ通話等の機能が組み合わされている。大企業ユーザ向けに、Eメール置き換え用途を重点としたPRに力を入れており、順調にユーザ数を伸ばしている。

③Slack：インターネット上でチャットを含む情報を共有するためのツールである。情報共有の相手は、特定個人、チーム、不特定多数等、自由に選べる。また、基本的なチャット情報に限らず、Slackに連携する幅広いツールの情報を共有できる。例えば、他のツールの実行結果や連絡メッセージをSlackで受け取り、運用の自動化に役立たせるといったことが可能である。

Eメールよりもはるかに強力な情報共有が可能であることから、Slackを「Eメールキラー」と呼ぶ人もいる。実際に多くの大企業でEメールをSlackに置き換えはじめている。こうしたことから、Slackをビジネス向けチャットと位置づけることもある。

④Hubot：GitHub社が開発したチャットbot開発・実行フレームワークである。Hubotをチャットツールの中に住まわせ（組み込み）、関連する作業フローと連携させることができる。連携するチャットツールとして、Slack、ChatWorkなど広範囲のものが利用できる。チャットツールと連携する作業ツールとのインタフェースはAdapterモジュールに切り出されており、既に多様なAdapterが開発・提供されている。

最も典型的な使い方は、運用上のイベントをチャットツールで受けて、これを運用者が望むツールに、指定した形式でリアルタイムに知らせることである。

⑤HipChat：Atlassian社製の有料ソフトウェアであり、チャット機能を中心に豊富な機能を備えている。広範囲のプラットフォームに対応している点が強みである。

(2) メッセージ音声の合成

メッセージ音声は、コンピュータで音声を合成し、人間に理解しやすい形式で伝達するためのツールである。非常に簡単な内容のみを伝えるものから、高度で複雑な内容を伝えるものまで多様な技術が開発されており、男声、女声、年齢別音声など様々な音声が選べる工夫もされてきている。以下に、代表的なソフトウェアを挙げる。

① Open Jtalk：日本語テキストを音声に変換するソフトウェアで、OSSとして提供されている。名古屋工業大学がLinuxベースで作成したものである。男性ボイスと女性ボイスが合成でき、パラメータで細かく調整できる。現状では、音声合成という新しい技術応用分野に興味を持った人達が実験材料として利用している場合が多い。

② SofTalk：日本語テキストを音声に変換するソフトウェアで、OSSとして提供されている。SofTalkは（株）アクエストの音声合成ライブラリAquesTalkを使用しており、その著作権は同社に帰属している。AquesTalkライブラリは非営利かつ個人に限り、無償で利用でき、Windows環境で動作する。他のアプリケーションから起動して利用することもでき、次のような機能を備えている。また、これらの機能を用いたカスタマイズが容易になっている。

・読み上げ速度を調整する機能
・機械音声の声色を変更する機能
・読み上げ内容を「音声ファイル」に保存する機能
・特定の単語を指定した読み仮名で読ませる単語登録機能
・指定した語句を含む行を特定の声色で読ませる条件機能

③ VoiceText：HOYAサービス（株）製の音声合成ソフトウェアであり、有料ソフトウェアとして企業向けに提供されている。人の声に近い高品質、高速処理を売り物にしており、15か国の言語対応ができる。多様な音声を選ぶことができ、感情(悲、怒、喜)の設定や、その強度も設定できる。

7.5 DevOps[55, 56]

伝統的に情報処理システムの開発と運用は別の作業と捉えられ、技術体系もツールも別々に開発されてきた。しかし、運用作業が社会活動と密接に結び付き、それに伴うフィードバックを開発に速やかに反映したいとの要請が強くなるにつれて、DevOpsへの関心が強くなってきた。

(1) DevOpsとは

DevOpsとは、開発(Development)と運用(Operations)の融合を目的とする技術や活動のことをいう。近年、このDevOpsへの関心が高まってきた背景として、インターネット、特にクラウド技術をベースとしてITサービスの提供速度が加速化されてきていることが挙げられる。アジャイル開発により開発速度を上げても、これをサービス開始に結び付けるのに4~6週間かかるのでは遅すぎ、運用も含めた加速化が必要とされている。

開発チームは新機能を求め、運用チームは安定を求める傾向にあるが、表7.4に示す文化ギャップを埋めて、両者が連携することが必須である。そのためには、考え方を変革し、自動化ツール群を整備していく必要がある。具体的には、開発を中心に展開されてきたアジャイルを運用までカバーするように拡張する、すなわち、CI(Continuous Integration)からCD(Continuous Delivery)へと拡張する必要がある。ここで、CDは、クラウド活用を前提として展開される。

また、システムの短期開発・短期更新が求められているものの、システム自体は複雑化している。したがって、複雑なシステム全体をまとめてリリースすると、多数の要因の相互作用により作業は極めて複雑化し、混乱が避けられない。そこで、複雑なものを分割して小さな（内部）リリースを繰り返し、一歩一歩進めながら、目的とする（外部）リリースを達成するのが望ましい、そのためには高度に自動化された

DevOpsおよびCDが必須となる。また、小さなリリースを短期間に繰り返すことにより、顧客の信頼や、顧客からの優れたフィードバックを得やすいというメリットもある。

表7.4 開発チームと運用チームの間の文化ギャップ（文献［57］を参考に作成）

課題	開発チーム	運用チーム
判断・作業速度の不一致	新しいチャンスや脅威に対する迅速な開発	安定したリスクの少ない運用
異なる評価尺度	コスト、時間、機能	システムの安全性、可用性
組織間の不透明な壁	縦割り組織、情報・資産を共有していない	同左
機能要件と非機能要件の扱い	機能要件が主たる関心	非機能要件（性能、セキュリティ等）に関心
異なる環境、資産の共有なし	情報、資産を別々に所有し、管理している	同左
互いに依存しない関係	共有、協力関係なし	同左

(2) DevOpsに必要とされる機能

DevOpsにおいては、アジャイル開発に必要な自動化ツール（CI実現のためのツール）機能が全て必要とされる。これに加えて、さらに次のようなツールや機能も必要とされる。

① システム構成管理ツール：システム環境としては、開発環境、テスト環境、ステージング環境、本番環境がある。これらの環境を効率よく設定し、その相互関係も含めて管理する。これに当たり、システム構成管理ツールを用いて開発チームと運用チームの間の壁を取り払い、システム環境を共有していくことが大切である。

② 配置作業支援ツール：開発と運用のためのリソースの配置(deployment)プロセスおよび変更プロセスを継続的に管理する。

③ テスト駆動型システム環境設定・管理ツール：システム環境が設定・変更された場合に、その妥当性を自動的に検証する。

④起動・停止・変更自動化ツール：サービスあるいはソフトウェアの起動・停止・変更を、複雑なスクリプトを手書きし、オペレー

タの手作業により行うのではなく、簡単なスクリプトにより作業モジュールを自動起動する形で実施可能とする。

⑤運用状況監視・報告ツール：サービスあるいはソフトウェアの運用状況の定期的なレポートを、図表形式で関係者に自動配布する。また、インシデント（システム不良、運用上の事故）あるいはその兆候を速やかに関係者に報告する。

⑥運用状況データ収集・分析ツール：サービスあるいはソフトウェアの運用状況に関する詳細データの収集、分析を支援する。

⑦オーケストレーション機能：サービスの運用状況に応じて、システム全体の構成を総合的に制御するいわゆるオーケストレーション機能が必要である。これにより、例えば、負荷が高くなった部分により多くのリソースを割り当てる、トラブルの起きているサービスへの入力量を絞る、等の全体的な制御を行う。

7.6 アジャイルの拡張

従来、アジャイルとは「アジャイル開発」を意味し、短期間での開発サイクルを繰り返す中で、ユーザと開発者が連携して、両者の間にある壁を取り除く努力が行われてきた。そして、それを支援するために自動化ツールを連携させ、CI(Continuous Integration)を実現してきた。

DevOpsでは、これを拡張して開発者と運用者の間の壁をさらに取り除き、サービスのリリースを迅速化することを目指しており、必要とされるツールはDevOpsツールとして整備されつつある。具体的には、環境設定、配置作業（デプロイメント）ツール、運用状況監視・評価ツール、リリーステストツールなどである。

CIとDevOpsを統合することにより、CD(Continuous Delivery)が実現される（図7.1参照）。CIでは主として機能面の情報をユーザにフィードバックしたが、CDでは運用を含めた非機能面の情報もフィードバックする[*1]。

＊1　現状では、CDとDevOpsという用語は必ずしも明確に区分されていない。CD=DevOpsと捉えられている場合もあるので注意が必要である。

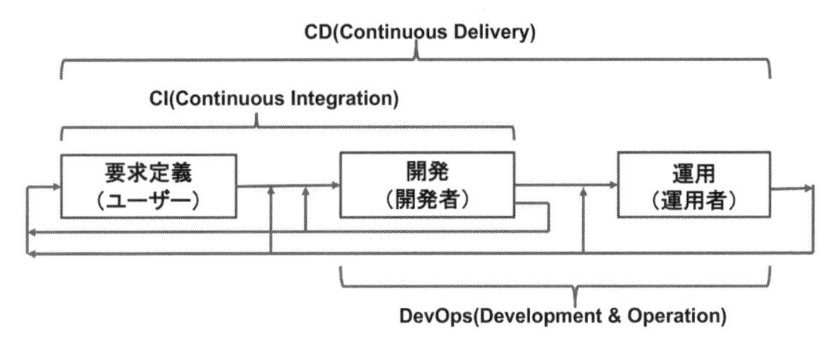

図7.1　アジャイルの拡張（CIからCDへ）

(1) CD

CD(Continuous Delivery)とは、ソフトウェアの早期開発、継続的提供のための考え方および統合化されたプロセスのことをいう。計画、開発、配布の全ての作業を含み、4.4節に述べたCIを包含し発展させたもので、リリースプロセスまでをカバーしている。

顧客にとって価値あるソフトウェアは頻繁に更新され、配布(deliver)される。そうでないソフトウェアは、倉庫に眠っている商品のようなものである。短期繰り返し（インクレメンタル）開発がこれを実現し、そこでは優先度付けに基づく開発と顧客への提供が重要である。

以上から、CIがソフトウェアの継続的統合、アジャイル開発を支援するのに対して、CDは開発と運用の統合化、顧客へのアジャイルな提供を支援するものであると言える。

CDのための原則を以下に述べる。

① 繰り返し実行が可能な、信頼できるプロセスを確立する。具体的には、バージョン管理プロセス、CIプロセス、リリースプロセスの繰り返し実行を可能とする。

② 全てのプロセスを可能な限り自動化する。自動化は、ソフトウェア構成管理ツールとテスト自動化ツールの統合を中心として実現する。

③ 自動化ツール制御文を含む全ての資産をバージョン管理する。

④ うまく行かないことがあれば、それを細かく分けて、さらに高頻

度に実行する。

⑤ 難しいこと、失敗しやすいことを前工程に持ってくる。
⑥ 品質を工程の中に作り込む。例えば、CIプロセス等により正常に動作するかどうかを早期に検証する。
⑦「終了した」とは「リリースした」ことを意味する。それ以外は、失敗のリスクが残っているので、終了ではない。このことは“The last mile is painful !”とも表現される。
⑧ チーム全員で責任を持つ。
⑨ プロセスの繰り返し実行を可能とすることにより、これらのプロセスを継続的に改善する。

(2) デプロイメントとデリバリー

デプロイメントとデリバリーという用語は混乱して用いられることがあるのでここで整理しておきたい。

デプロイメント（配置）とは、必要とされる機能が使えるように配置することである。一方、デリバリー（配布）とは、必要とされる機能を実際にリリースすることである。一般的には、デプロイメントとデリバリーはセットで実施されるが、デプロイメントのみしか実行されない場合もありうる。

例えば、A、B、Cの3つの機能が一緒に開発され、同時にデプロイされたとしよう。しかし、デリバリーのタイミングは、開発の都合でなくビジネス上・運用上の都合で決められるため、これら3つの機能が別々のタイミングでデリバリーされるということもありうる。

(3) CD連携ツールチェイン

CDを支えるものは、それまでの工程における技術の積み重ねと作業実績であるため、リリース工程単独でこれを実現しようとしても不可能である。

したがって、CD専用のツールは存在せず、CIで用いるツールとほとんど同じであるが、CIより高度で負荷の高い使い方をする。CDでは、開発、テスト工程全体におけるツールと同じものを使い、その結果に基づく管理データを分析して、開発プロセスおよび開発環境の妥当性を評価する。以下に、その考え方を述べる。

① 機能分割リリース：大規模なシステムは機能も大きいので、その全てに変更を加えてリリースするのは作業が困難であり、リスクも高い。したがって、機能を分割して、部分ごとにリリースしていくのが得策である。このとき、VM、コンテナが極めて有効に活用できる。これにより、他の機能への影響を与えることなく、機能分割・リリースが可能になる。

② 稼働環境との対応の管理：開発・テストに当たっては、稼働環境との対応をしっかりと管理していかなくてはならない。リリーステストとなればこの対応管理はさらなる厳密さを要求されるため、稼働環境の変更歴管理が重要である。6.6節に述べたシステム構成管理ツールは、稼働環境を厳密に管理する役割を果たす。今日の複雑なシステムにおいては必須である。

③ 依存するソフトウェア部品との関係：今日では、どのようなソフトウェアも自分自身以外のソフトウェアを内部から呼び出して活用している。したがって、依存するソフトウェアに何らかの変更が加えられ、それによる悪い影響を受ける可能性がある。そこで、依存するソフトウェアの経歴と変更状況を管理する必要がある。

④ 運用状況のチェック（負荷、障害、セキュリティ）：①～③において問題がなくとも、対象システムは、負荷、障害、セキュリティなどの運用上の問題を抱えている可能性がある。そうであれば、それらの運用上の問題の解決を優先する。

第8章 作業進捗管理

これまで第4章から第7章では、自動化ツールの活用が次のように段階的に行われることを説明してきた。

第1ステージ：開発支援ツールの導入
第2ステージ：テスト支援ツールの導入
第3ステージ：プロビジョニングツール、システム構成管理ツールの導入
第4ステージ：システム運用支援ツールの導入

これらの4段階に共通で並行して行わなくてはならないのが、作業進捗管理ツールの導入である。本章では作業進捗管理ツールについて解説する。

8.1 作業進捗管理

本節では、作業進捗管理ツール全般について概説する。

(1) アジャイル開発・運用における作業進捗管理

ITサービスの開発・運用は、本書の第4～7章に述べたような多種多様な作業から構成されている。これらの進捗管理を行うに当たっては、最初から個々の作業の詳細を管理することはできない。管理作業量が膨大になり、場合によっては本体作業の量を超えてしまうからである。

そこで現実的には、作業対象をある粒度に分割し、また作業種別の差を抽象化して進捗管理を行う。作業対象が順調に進捗していれば粒度よりも詳細な管理は行わず、うまくいっていない作業対象に対

してのみ、よりも詳細な分析・管理を行うのである。

この進捗管理の大前提は、管理対象となる作業の「粒」の大半が正常に進捗している、ということである。粒の多くが異常な状況にあると、管理作業、対策作業がオーバーフローして、工程を正しく運用できなくなるからである。すなわち、工程を正しく運用できるか否かがチームの実力であり、技術力であると言える。

この粒こそがアジャイル開発・運用の作業単位である。アジャイル開発・運用では、この粒にIDを付けてチケットと呼び、その管理表と対応付けて自動化ツールを用いて進捗管理する。

アジャイルパラダイムに基づくITサービス開発・運用の作業進捗管理においては、BTS(Bug Tracking System)あるいはITS(Issue Tracking System)が用いられる。これらのツールにより、課題あるいはバグについて、その発生から解決までの処理状況を追跡する。

BTS/ITSは、ウォーターフォール開発とアジャイル開発の両方において使用されるが、管理の迅速性が大切なアジャイル開発においては、繰り返し開発サイクルを優れたリズム感を持って着実に進めていくために、欠かせないツールである。

BTSは、その名が表すように、ソフトウェアの不良の解決のための管理システムとして発展してきた。一方、ITSは、もともとはコールセンターの課題追跡・管理システムとして発展してきたものである。問い合わせ、クレーム、不良対策等、様々な案件の発生から解決までの処理状況を追跡・管理するためのシステムである。

ソフトウェア開発においても、追跡・管理すべきはバグだけでなく、機能追加要求、機能変更要求、問い合わせ等、多様な課題が起こりうる。特に、アジャイル開発においては、このような変更を積極的に受け入れることを方針にしているため、ITSが必須となっている。

(2) BTS/ITSの歴史

以下に、これまでに用いられてきた主要なBTS/ITSの歴史を概説する。なお、現在では、Redmineが最も広く使われている。Redmineは Rubyで記述されているものの、他の言語を用いるプロジェクトにおいても利用可能で、拡張性に富み、他の関連ツールとの連携機能も豊かである。

① Bugzilla：ウェブブラウザの草分け的存在であったNetscape Navigator（Firefoxの元になっている）が社内で利用していたものを1998年にOSS化したものがベースになっている。BTSの先駆けであり、世界中で広く活用されてきた。プロジェクトの特性に応じて様々な属性を管理でき、例えば、カテゴリ別、コンポーネント別にバグを整理できる。

② Trac：プロジェクト管理およびバグ管理のためのOSSで、2003年に登場して以来、現在においても広く活用されている。バグ管理に限定せず、SVN、Git、Mercurialなどのバージョン管理システムやその他の開発・運用支援ツールと連動して様々な課題管理に利用され、ITSと見なされることもある。

③ Mantis：変更管理システムの機能を統合した小規模プロジェクト向けのBTSで、OSSである。専門外の人を含む様々なレベルのユーザが使えることを目指していて、多様なOS上で稼働する。日本人(Kenzaburo Ito)が開発者であり、主として日本で使われている。2000年に登場した。

④ JIRA：JIRA（ジラ）は、Atlassian社製のプロジェクト管理および課題管理システムで、SVN、Mercurial、ClearCaseなどのバージョン管理システムとも連動する。非営利団体に対しては無料で提供されていることから、多くのOSSプロジェクトで利用されている。Java言語で記述されている。

⑤ Redmine：Ruby on Railsで作られたITSで、OSSである。Tracよりも新しく、豊富な機能を備えており、複数プロジェクトを扱うことができる。また、極めて拡張性に富み、他の関連ツールとの連携が容易である。2006年に登場した。

⑥ GitHub Issue管理機能：GitHubサービスに含まれるサービス機能の一つである。Redmineのように別ツールとしてではなく、GitHubの延長上で使えることから、進捗管理ツールをわざわざ設定する必要がなく、軽便に利用することができる。今後、急速に普及することが予想される。

(3) ITSによる開発

ITSの対象となる開発課題は、チケットと呼ばれる電子帳票により管理される。このチケットを中心にソフトウェアの開発を進めていく方法を、TiDD (Ticket Driven Development)と呼ぶことがある。

アジャイル開発における開発項目である「ストーリー」と「タスク」を「チケット」に読み替えると、そのままITSベースの開発となる。すなわち、アジャイル開発とITSベースの開発は、プロセスがオーバーラップしている部分が多い。ITSによるソフトウェア開発手法が生まれた背景として、次のようなことが挙げられる。

① 「逆流」開発の発生：現代のソフトウェア開発は、全くのゼロから作り上げるものではなく、多様で豊富な部品、パッケージ、フレームワーク等を活用しながら進められていく。したがって、開発に当たっては、これらについての十分な知識と、経験が前提とされている。このため、既に存在している下流工程をもとに上流工程を設計・開発していく「逆流」がしばしば起きる。

② GUIの妥当性検証の必要性：現代のソフトウェアではGUIの締める割合が多い。そこで、早い段階で実際にそのソフトウェアを動かし、GUIの妥当性をユーザに検証してもらい、指摘された課題に対処することが重要になってきている。

③ 「渦流」開発の発生：既存の部品、パッケージ、フレームワークを組み合わせてソフトウェアを開発する場合は、実際に動かして新しい組み合わせを検証する必要が生じるため、「渦流」開発が行われる。問題点の全てを事前に知ることは困難であり、動かしてみて初めて理解できる場合があるためである。

このように、現代のソフトウェア開発では、新たなコーディング以外の作業比率が極めて大きくなってきている。したがって、ITSを推進するための多様な作業をチケットで管理することが、非常に重要である。No Ticket, No Commit (チケットなしにコミットなし)。ソースコード変更のコミットには、チケットの対応が必須である。

(4) ITSベース開発でのプラクティス

ITSベース開発を推進するに当たって重要なプラクティスを、以下に挙げる。

① チケットファースト：チケットが全ての作業の入力となる。逆に、チケットを見ればどのような作業が行われているかが分かる。

② 分割統治(divide and conquer)：複雑な作業は、より小さな単純な要素に分割して統治することが大切である。次の3つの観点がある。

- チケットで分割統治（機能分割他）
- イテレーションで分割統治（バージョン分割他）
- プロジェクトで分割統治（サブプロジェクトに分割他）

③ チケットはシンプルに：チケットの入力項目やワークフローはシンプルなものにする。

④ No Ticket, No Commit !（チケットなしにコミットなし）：修正、追加の意図が不明なコミット（コード変更）は認めない。

⑤ ペア作業(pair work)：Redmineのワークフロー機能を使って、1つのチケットは、原則的に2人の関与を経由して完了させるようにする。これにより作業の信頼性を上げる。

⑥ 小規模リリース：小さいサイズと短いサイクルで、小刻みなリリースを進める。

⑦ 棚卸し：休眠チケットがないか、チケットを統合すべきではないか等を棚卸しする。特に、大規模プロジェクトにおいては重要である。

⑧ 見える化：TiDDでは、チケットがプロジェクト全体の情報のハブになっている。チケットを中核のキーとして、プロジェクトに関するどのような情報も「見える化」していくことが大切である。

⑨ 朝会：コミュニケーションの場としての朝会には、次の3つの役割がある。チケットをキーとして、これらの作業を管理する。

- 各メンバーのその日のタスクを全員で確認する
- 直近のリリース予定を全員で確認する
- 隠れ作業等、問題点やリスクを摘出する、嗅ぎ取る

⑩ 振り返り(retrospective)：リリース後の反省会を行い、K(良かったので続けること)、P(悪かったので止めること)、T(試したいこと)を明確化する。

8.2 Redmineを用いた作業進捗管理 [58, 59]

本節では、作業進捗管理ツールのうち最も広く活用されているRedmineについて説明する。

(1) 作業フロー

Redmineは、ITSベース開発の中核的な作業管理システムとして用いられ、ソフトウェアアジャイル開発における作業管理用のワークフローシステムであると言うことができる。以下に、その作業フローを示す(図8.1参照)。

1. プロジェクトリーダーは、新しいバージョンを開始するに当たって、その新しいバージョンをRedmineに登録する。
2. プロジェクトリーダーは、新しい作業を始める際に、そのためのチケットを作成して、これをRedmineに登録する。
3. 担当者はチケットに基づいて作業を行い、それが完了したら(チケットが解決したら)、その旨をRedmineに登録する。
4. プロジェクトリーダーは、作業中のバージョンを構成する全てのチケットの完了を確認したら、そのバージョンをリリースする。Redmine上では、そのバージョンはクローズ(閉鎖)される。
5. 開発チームは、バージョンがリリースされたらRedmineのデータを集計表示し、そのバージョンを対象とした振り返り会議(retrospective meeting)を実施する。改良すべき点があれば、次のバージョンにその改良案件を申し送る。
6. ユーザは、リリースされたバージョンを試用して、あるいはRedmine上の情報を問い合わせ・分析する。これにより不良を検出した場合や改善要望がある場合は、次のバージョンで対応するべき案件としてRedmineに登録する。

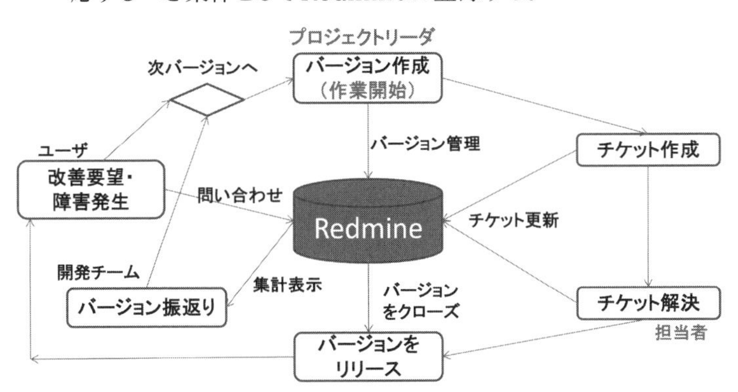

図8.1 Redmineを用いたTiDDの運用(文献[55]より引用)

(2) チケット管理

Redmineのチケットは、ITSとしての案件(issue)を管理するための作業管理票の役割を持っている。BTSではバグ管理が作業の中心であったが、ITSでは、その他の問い合わせ、設計、開発、リリース等の全ての作業項目が対象となる。

また、これらの作業に関連する仕様書やコード等はチケットからリンクされる。このように、チケットの概念にはアジャイル開発におけるストーリーカードやタスクカードの概念が包含されているため、アジャイル開発にそのまま活用することができる。

ITSをアジャイル開発に適用することを考えれば、チケットの粒度は、イテレーション(2～4週間)よりも十分に小さくなくてはならない。具体的には、半日～5日程度の作業単位に細分化される必要がある。チケットの進捗状況は、Time Tracking機能を用いて管理することができる。当機能により、該当するチケットの管理に費やされた作業時間を計測する。

アジャイル開発では、顧客に見える機能に基づきストーリーカードやタスクカードで機能を管理する。そして、作業進捗管理を重視する場合には、これに作業管理項目を加えたチケットで管理するのが原則である。大きなプロジェクトになれば、複数機能にまたがる共通内部機能、性能評価、ビルド等の非機能作業の比率が高くなる。それらは「内部機能」「その他」等のタグを付けたチケットで管理するのが得策である。チケットの主要な管理項目は、以下のとおりである。

① トラッカー：チケットの種類（バグ、機能、サポート）。
② ステータス：チケットの作業状態。管理画面で設定する。
③ 優先度：チケットの優先順位。管理画面で設定する。
④ 担当者：作業の担当者。プロジェクト設定画面で設定する。
⑤ カテゴリ：システムの機能やコンポーネント。
⑥ バージョン：リリースするバージョン。
⑦ 開始日、終了日：作業の開始日、終了日。
⑧ 予定工数：時間単位の見積もり工数。
⑨ 進捗：作業の進捗率。
⑩ 作業時間：実績工数、時間単位。
⑪ 作業分類：作業の種類。例えば、設計、テスト、レビュー等。

なお、プロジェクトを開始するに当たっては、最初にロール（役割）とトラッカー（作業分類）を定める。これにより、その組み合わせに対応したチケットのステータスが決まり、ステータス間の状態遷移としてのワークフローが定まる。ロールとトラッカーのデフォルトは、以下のとおりである。

・ロールのデフォルト：管理者、開発者、報告者
・トラッカーのデフォルト：バグ、機能、サポート

(3) ツール連携

Redmineは作業進捗管理ツールなので、作業進捗情報を取得するために、以下のツール連携が実現されている。

① 変更歴管理ツール：Subversion、Git等の変更歴管理ツールと連携して、Redmineのチケットと変更内容を対応付ける。
② ビルドツール、CIツール：Maven、Rake、Jenkins等のツールと連携して、Redmineチケットとビルド、CIの生産物とを対応付ける。
③ テスト管理ツール：TestLink等のツールと、Redmineチケット

に対応するテストの状況、テストの結果についての情報を共有する。

④ チケットのCSVインポート：Redmineの外部で作られたチケットの内容をCSV形式で一括してRedmineに取り込む。

これらのツール間で次のように作業分担・連携が行われる。

・Redmine：チケット番号を含めたアジャイル開発作業の進捗管理。

・Subversion/Git：リビジョン番号を含めたソースコード変更歴の管理。

・Jenkins：ビルド番号を含めたビルド作業とその成果物の管理。

・TestLink：テスト作業の進捗状況の管理。

特に、JenkinsとRedmineとの間では、双方向の連携が可能になっている。Redmineのプラグインにより、Jenkinsの直近のビルド履歴をRedmine上で表示し、ビルド番号のリンクをクリックすると、そのビルドに取り込まれたコミットログが表示される。また、Jenkinsのビルド番号の画面を表示し、これにリンクされたコミットログにあるチケット番号のリンクをクリックすると、Redmineのチケットが表示され、そのチケットに表示されているSubversionでのリビジョン番号を得る。

第9章 アジャイルによるITサービスの開発・提供事例

本章では、これまで紹介したITサービスとそのための手法について、事例を通じて、ITサービスの特徴と実践を説明していこう。

9.1 本章の概要

本章では、サービスサイエンスとサービス開発・運用の自動化の2つの観点から事例紹介する。

(1) サービスサイエンス視点

サービスサイエンスにおいて、サービスは「人や構造物が発揮する機能で、ユーザの事前期待に適合するもの」と定義されている[60]。サービスは、以下の4つの特徴を持つ。

① カタチがなく、見えないものが多い(無形性)。

② 生産と消費が同時なため、在庫できない(同時性)。

③ 個別化要求が強い(個別性)。

④ 顧客と共同生産するものが多い(共同性)。

また、サービスの評価対象は、成果に対する品質とプロセスに対する品質の2つに分解できる。高い顧客満足を得るためには、この両方を同時に高めていく必要がある[60]。

従来のITシステム構築では、成果に対する品質を重視し、ウォーターフォール開発が多く適用されてきた。これは、サービスの特徴の②同時性に反し、生産(構築)される期間と消費(利用)される期間が分離される。また、生産における設計とテスト時は顧客と共同生産するが、開発時には顧客と分離してしまう。そして、消費時には生産部隊が解散または縮小され、共同生産されることが少ない。

また、開発においてプロセスに対する品質を重視する場合、プロトタイプ開発のような試行錯誤アプローチが適用されるが、これもサービスの特徴②同時性に反する。プロトタイプ開発で生産されたものは試行を目的としているため、消費に向け、成果に対する品質を高めるためには、再構築または追加開発が必要となる。

近年では、ITサービスにおいて高い満足度を得るために、成果に対する品質とプロセスに対する品質の両方を同時に高めるアジャイル開発の適用が多くなっている。これは、顧客と共同で生産し、短い期間での提供を繰り返すため、サービスの特徴の②同時性と④共同性を含めた全ての特徴を実現できる（図9.1参照）。

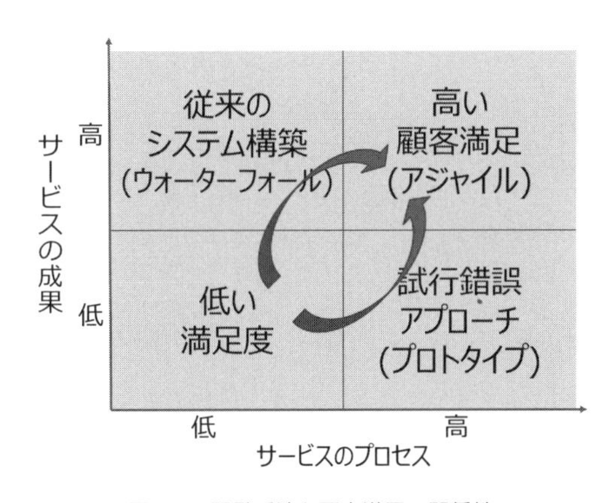

図9.1　開発手法と顧客満足の関係性

成果品質とプロセス品質の重要性のバランスは、業種や提供者の考え方に応じて異なる。ウォーターフォール開発では、決められた機能が決められた納期までに提供されることが重視されるので、成果品質が評価の焦点とされてきた。一方、アジャイル開発では、変化する環境に応じてサービスを俊敏に（アジャイルに）提供するため、プロセス品質の重要性が高まる。

サービスサイエンスにおけるサービスの品質は、図9.2に示す6つの要素「正確性」「迅速性」「柔軟性」「共感性」「安心感」「好印象」

に分解することができる[60]。

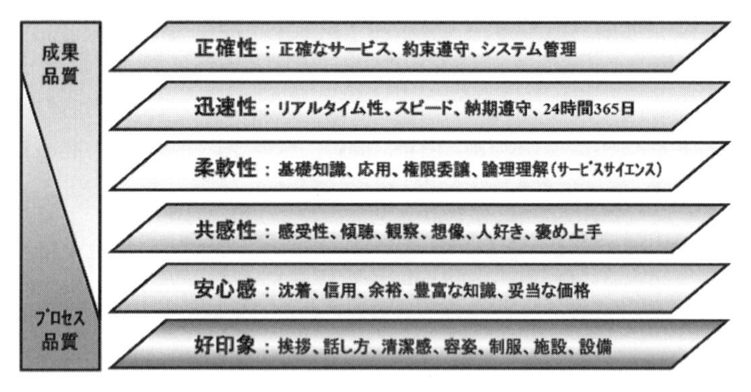

図9.2 サービス品質を構成する6つの要素（文献［60］より引用）

これまでは、決められた機能に関する「正確性」、決められた納期までに提供される「迅速性」を重視することが高い顧客満足につながってきた。しかし近年では、スマートフォンのように操作マニュアルがなくともユーザがストレスなく使える「好印象」、変化する環境に応じてITサービスを俊敏に（アジャイルに）提供するために必要となる「柔軟性」、「共感性」、「安心感」が求められている。

9.2節以下では、以上の6つの要素から各事例のサービス品質を紹介する。

(2) 技術的視点

ITサービスを開発するための自動化技術の導入技術については、以下の2つの視点から紹介する。

①ITサービス開発・運用の自動化：3.1節で、自動化技術を導入する以下の段階を示した。9.2節以下では、各ステージを意識した自動化ツール導入事例を紹介する。

第1ステージ：開発支援ツールの導入
第2ステージ：テスト支援ツールの導入
第3ステージ：プロビジョニングツール、システム構成管理

ツールの導入
第4ステージ：システム運用支援ツールの導入
各ステージ共通：作業進捗管理ツールの導入

② 組織変革/モチベーション向上：技術を導入すると同時に、技術者のモチベーション向上や組織変革に影響が生じる。モチベーションには狩野モデル（図9.3）で示される魅力品質が影響する。魅力品質とは、不十分でも仕方がない（不満とは思わない）が、充足されれば満足な品質のことである。そこで、各事例において、組織変革とモチベーション向上の実績を紹介する。

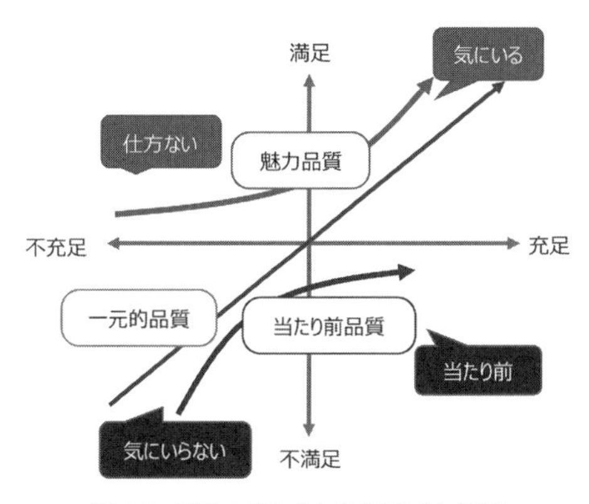

図9.3 狩野モデル（文献 [61] より引用）

(3) 事例の概要

9.2節以降で紹介する8つの事例は、以下の2つの特徴により大別できる。

事例1~4：プロジェクトに対するサービスおよび自動化技術
事例5~8：組織変革およびモチベーション向上
以下に、各事例の概要を述べる。

事例1：技術を出発点としたビジネス創成・企業事例

技術を出発点としてITサービスを開発する場合、利用者の選定から始める必要がある。9.2節では、技術を出発点としてITサービスを開発し、グローバルなスポーツサービスに成長させるために会社を立ち上げた事例を紹介する。

事例2：住民サービスへの個別業務対応事例

一般的に、汎用的な業務にはパッケージを適用することができるが、そうした業務にも個別環境ごとに対応が必要な部分が残ることがある。9.3節では、住民サービスに対応した窓口業務サービスの開発事例を紹介する。

事例3：国家的危機への対応サービス事例

危機においては様々な要求が発生し、状況の変化に応じて要求も変化していく。それらに一刻も早く、かつ、柔軟に対応していくことが求められる。9.4節では、国家的危機であった福島第一原子力発電所事故における放射線管理サービスの事例を紹介する。

事例4：全国民に対するサービス事例

サービスの利用者が増加するに伴い、要求の多様性は増加していくが、それらに柔軟に対応することが求められる。9.5節では、全国民が利用者となるマイナンバーサービスの事例を紹介する。

事例5：請負契約におけるアジャイル開発事例

欧米の技術者の50~70%はユーザ企業に所属していることと、タイムアンドマテリアル契約（T＆M契約）による実績に基づく契約が定着していることから、アジャイル開発において請負契約を適用することは少ない。一方、日本の技術者の70%以上はIT企業に属し、開発のための契約は請負契約が主である。9.6節では、日本国内での請負契約におけるアジャイル開発事例を紹介する。

事例6：グローバルアジャイル開発サービス企業事例

欧米におけるオフショア開発においてアジャイル開発が適用されている。9.7節では、アジャイル開発によりグローバルなアジャイル開発サービスを発展させている企業の事例を紹介する。

事例7：成熟したベンチャー企業における組織変革事例

設立から年月が経過し成熟すると、ベンチャー企業にも大企業と類似した課題が発生する。9.8節では、こうした課題に対してアジャイル開発を導入して組織変革を行った事例を紹介する。

事例8：若手技術者のモチベーションを高めた事例

間接業務に対する企業内の情報システムは、確実な構築を優先させるため、枯れた技術を適用することが多い。これらのシステムを担当する若手技術者のモチベーションを上げることは難しい。9.9節では、技術的な挑戦ができる間接業務サービスの事例を紹介する。

各事例におけるサービス品質の6つの要素のキーワードを表9.1に、自動化ツールについてを表9.2に示す。また、図9.4に、グローバルにおける代表的な調査であるversiononeのレポートによる、アジャイル管理ツールの使用状況を示す[62]。

表9.1 事例のサービス品質のキーワード

	正確性	迅速性	柔軟性	共感性	安心感	好印象
事例1	正確なサービス	即時提供	“魂”による優先	利用シーンの理解	利用者の信用	洗練されたUI
事例2	410業務対応	納期厳守	イテレーションの流れ	業務視点のFB	初回イテレーション	早期の提供
事例3	361機能&データ	危機対応	緊急機能追加	大部屋	影響の見極め	寄り添うメニュー
事例4	全国民の社会基盤	半年厳守	1,741団体	用語確認共通意識	並行運用テスト	ラスト1インチ意識
事例5	マインドマップ	納期遵守	試使用イテレーション	プロキシーP.O	初回のMVP	早期フィードバック
事例6	CMMIレベル5	同一時間活動	各地域連携	カスタマーオブセッション	リーン（守破離）	ユーザ中心デザイン
事例7	ノウハウ継承	安定運用	利用シーン別優先	利用者の多様性	安定サービス	UXを意識
事例8	段階的リリース	1年を1カ月	要求ストック	KPI公開	準備期間	クレームから協調

UI：ユーザインタフェース
FB：フィードバック

表9.2 事例の自動化ツール

	開発支援	テスト支援	システムプロビジョニング	運用支援	作業進捗
事例1	Atlassian Bitbucket Pipeline		Atlassian Conference, Bitbucket		Atlassian JIRA
事例2	Ruby on Rails	RSpec Jenkins	Git	–	Redmine
事例3	開発手法（単純構造、簡単理解、共同所有）により対応				
事例4	Altemista Cloudを適用				
事例5	TestLink, Selenium, RSpec, Capybara		Git	–	Redmine
事例6	SonarQube	Jenkins, PHPUnit, behat	–		
事例7	Wercker	Jenkins	GitHub	Amazon Chef	Atlassian JIRA
事例8	SonarQube	Jenkins	Git	Azure DevOps, Docker	

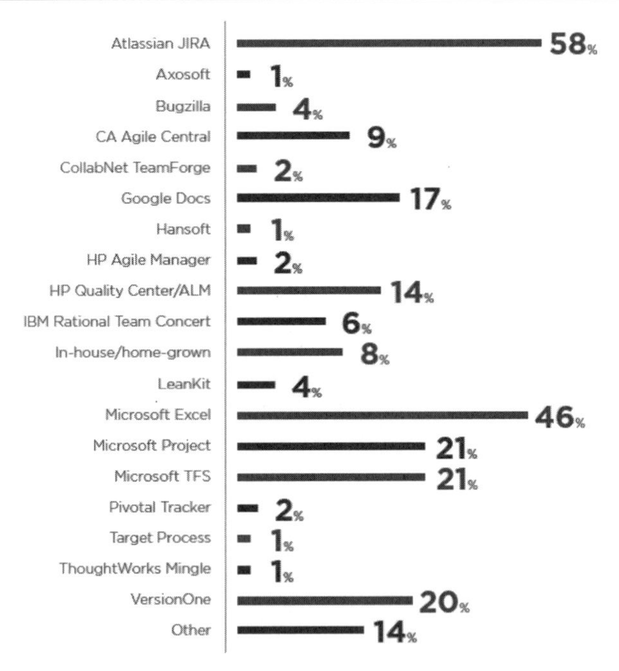

図9.4 アジャイル管理ツールの使用状況（文献［62］より引用）

9.2 技術を出発点としたビジネス創成・企業事例

サービスは、マーケットに向かって創成される場合と、技術から創成される場合とがある。技術から創成される場合は、顧客を発見し、価値を探索することから始める必要がある。

本事例は、確立した技術の適用からスタートした。その後、新たなビジネスを創成し、大手ベンダーのグループ内企業を立ち上げ、プロダクトオーナー(以下、PO)がグループ内企業最年少社長としてグローバルにビジネスを拡大している[63]。

(1) サービスの価値

富士通(株)(以下、富士通)は、映像とタグを結び付ける技術を開発し、2015年にプロ野球ファン向けサービスを提供した[64]。富士通の小口淳と(株)富士通ソフトウェアテクノロジーズ阪口学のチームは、この技術を活用したサービスを開発した。当初は、プロ野球ファンを利用者としたサービスを模索したが、ビジネスにつなげることが難しかったため、プロ野球球団を利用者とするサービスとした。これは、プロが自らの価値を高めるために、利用シーンごとに必要な情報と連携した映像を見ることができるサービスで、日本および大リーグのプロ野球球団に提供されている[5]。

この成功を受け、富士通は、これまで培った技術やノウハウを用いたサービスを、サッカーをはじめとするグローバルなスポーツのアナリティクス分野にも幅広く展開することとした。これに向け、機動力を高めていくために、スカイライトコンサルティング(株)のスタートアップ経営手法を取り入れ、RUN.EDGE(株)を設立した。同社の代表には、POの小口が就任した[63]。

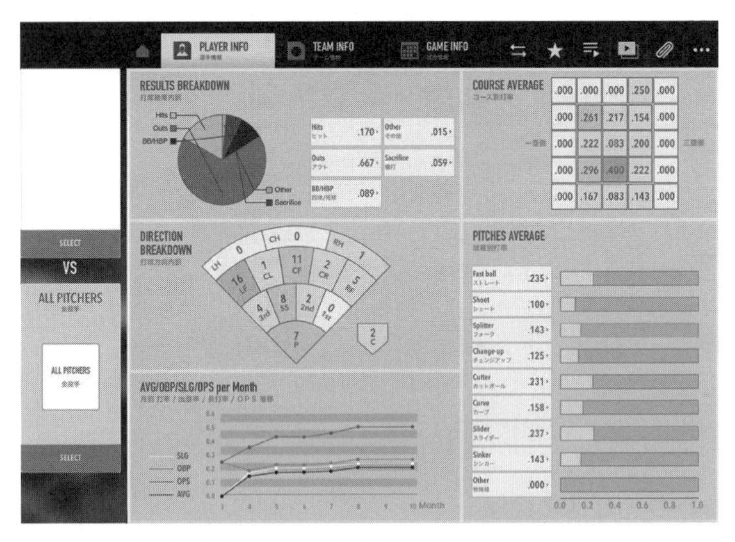

図9.5 プロスポーツチーム向け分析サービス（文献［63］より引用）

(2) サービス品質

①正確性

・アプリケーション品質

ユーザストーリーを1～6時間単位のタスクに分割し、自己レビュー、第3者レビュー、リーダーレビューの3段階のレビューにより、タスク完了を確認する。図9.6にこの3段階のレビューとタスクの状態を表すチケットの流れを示す[5]。

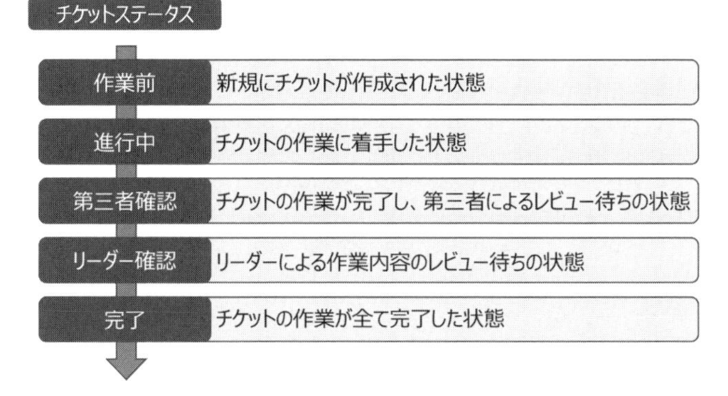

図9.6 レビューとチケットの流れ

これは、従来のウォーターフォール開発で実施している品質確認プロセスと同様である。相違点は、ウォーターフォール開発では1週間など一定期間における複数の作業を一括で実施していたが、アジャイル開発ではタスクごとに実施する点である。作業実施から数時間後にレビューを行うと、記憶が鮮明なため学習効果が高い。また、学習したことを次の作業から反映できるため、同じ原因の問題を作ることがなく、手戻りコストを減少させることができる。

・データ品質

映像検索サービスは、処理するアプリケーションの正確性だけでなく、映像に関わるデータの正確性が重要になる。このサービスでは、映像の正確性を高めるために、試合の最初から最後までの全ての投をデータ化する専任者を配置する。

②迅速性

試合後すぐに映像を参照したいという利用者の要求に応えるためには、試合中に1球ごとのデータを整備する必要がある。そこで、前述のデータ化専任者がこれを行い、試合直後からサービスを提供している。

③柔軟性

利用者も開発チームもPOも、サービスとしてのあるべき姿を知らない。そこで、利用者と開発チームのフィードバックを、サービスとしてのあるべき姿を追い求める想い、“魂”に基づきPOが優先順位をつけ、柔軟に取り込んでいった。これによりチームが思いもよらなかったレベルのサービスを提供できるようになり、本サービスは国境を越えた。さらに、野球以外にもスポーツ全般に対し価値あるサービスが提供できると確信を持つことができ、新会社を設立できた。

④共感性

開発チームと利用者が直接会話できる機会はない。しかし、サービスの利用シーンとサービスに対する要求から、利用者の要求の背景を知ることはできる。利用者は試合前と試合後では要求が変化する。そこで、利用シーンでの映像やデータの利用視点や、それらにより対策を導く考え方を具体化することにより、利用者と開発者の共感性が高まり、サービスの満足度を高めることができた。

また、入力されるデータの中には、球種など公開されたスコアボードやスコアブックからだけでは得られないデータがあり、利用価値に大きく影響する。こうしたデータに関しては、利用者と重要性を共有し、より早く修正を反映できる仕組みを確立した。

⑤安心感

サービスとしてのあるべき姿を追い求める想い、“魂”に基づいたサービスは、利用者から事前期待の3倍の価値があると評価された。また、利用シーンを考慮したフィードバックとデータの正確性が維持されているため、利用者はサービスを信用し、安心感を持って利用している。

⑥好印象

利用者は野球の「プロ」であり、IT利用に関する高度なスキルは期待できない。また、近年はスマートフォンの普及により、ユーザ体験(UX)に対する期待が高い。そこで、チームには技術とマネジメントの専門家だけでなく、デザインの専門家を参加させた。最初のデザイン画が提案されてから1カ月以上の間、頻繁なフィードバックを繰り返した結果、洗練されたUI/UXを実現することができた。

(3) 自動化

(i) 自動化の実践

・ツール選定

本サービスの開発に当たっては、アジャイル開発の経験が豊富な(株)富士通ソフトウェアテクノロジーの阪口学が参加した。当初はOSSによる自動化を検討したが、シームレスな開発を実現できるAtlassianの導入を選択した。Atlassianの構成を図9.7に示す。このうち、アジャイルマネジメントツールであるAtlassian JIRAは、58%のアジャイル実践者に利用されている[62]。

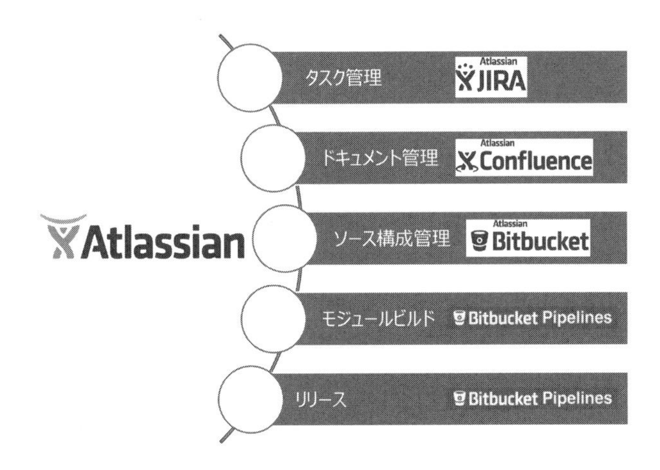

図9.7 適用ツールの構成

Atlassianは、開発支援ツール、テスト支援ツール、プロビジョニングツール、システム構成管理ツールおよび運用管理支援ツールを導入した第1～4ステージと共通の自動化を実現している。自動化の全体概要を図9.8に、自動化ツールの連携を図9.9に示す[5]。

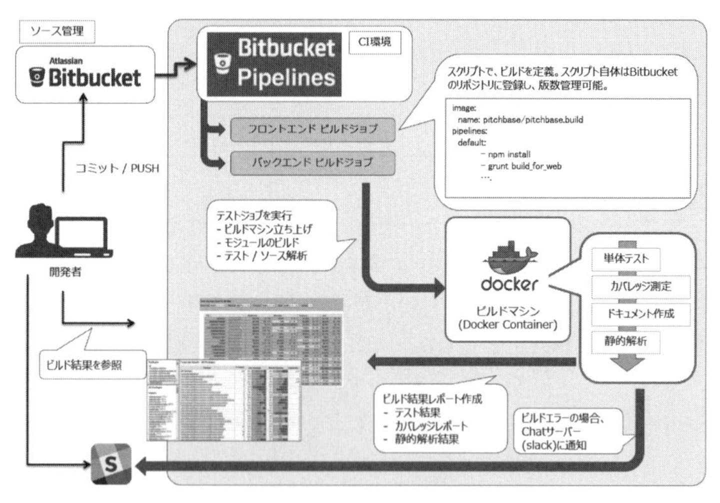

図9.8 自動化の全体概要

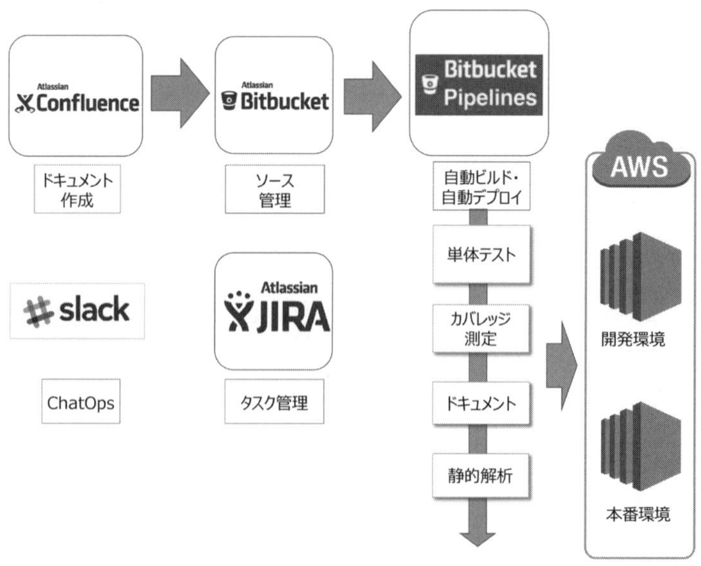

図9.9 自動化ツールの連携

・アーキテクチャの議論

プロジェクトを開始する前に、必要な技術要素について開発チームが議論し、Atlassianを適用したアーキテクチャを理解した。このように、一方的な決定通知でなく、チームメンバーが必要性を理解した上で適用したことから、経験のないメンバーも違和感なくAtlassianを使うことができた。

(ii) モチベーション向上

アジャイルチームは頻繁にコミュニケーションをとる。本サービスの開発に当たっては、自動化ツールを適用してもコミュニケーションを維持するようにした。図9.6に従い、数時間単位のタスクにおけるコミュニケーションの流れを説明する。

1. ペアプログラミング：ドライバー役とナビゲーター役が常に会話をして開発する。ドライバーがコードを書くと、秒単位でレビューが繰り返される。
2. 第三者レビュー：ペアによる作成が完了すると、別のペアが第三者レビューを行う。
3. リーダーレビュー：第三者レビューが完了すると、リーダーがレビューを行い、タスクが完了する。

以上のように、タスク完了までの数時間に、ペアの相手、第三者レビューのペアの2名、リーダーの4人とコミュニケーションをとることを繰り返す。

なお、ウォーターフォール開発では、担当ごとにタスクが振り分けられ、1週間に1回しかレビューを行わないというプロジェクトも珍しくない。最近のコミュニケーションツールの主流はSNSであり、数秒単位での「既読」、「いいね」などの反応により、承認欲求が満たされている。したがって、1週間ごとのレビューでは、日々の承認欲求の満足に比較して長すぎる。本プロジェクトでのコミュニケーションは頻度が高く、ペアプログラミングではSNSを超えるスピードで承認欲求が満たされる。このため、特に若いメンバーのモチベーションが向上するという効果があった。

9.3 住民サービスへの個別業務対応事例

顧客の満足度向上に焦点を当てると、既存の業務パッケージに含まれる共通機能のみでは対応できない個別業務に対応しなければならないことがある。本事例では、行政サービスの満足度向上を目指して、既存の業務パッケージでは対応できない窓口業務サービスを提供した例を紹介する[5]。本サービスは、その後、他の行政機関にも柔軟に対応して提供を拡大している。

(1) サービスの価値

行政機関の業務は、法律などの規定に従って業務が遂行される。このため、こうした業務に対しては、業務パッケージソフトウェアが提供されている。一方、行政機関の利用者は、転入・転居・転出・世帯変更・出生・死亡といった人生のイベントに際して、必要な申請を行うために窓口を訪れる。イベントごとに複数の申請が必要なため、これまでは、利用者自身で必要な申請書を作成し、それぞれの担当窓口に出向いており、申請方法が分からない人には、職員が支援を行っていた。

豊島区役所（図9.10）では、利用者の3/4が窓口申請のために来庁しているが、サービスに満足している利用者の割合は25%であり、不満を持つ利用者の割合が20%あった[65]。そこで、満足度向上を目指し、新庁舎開庁の基本計画として「利用者を歩かせないこと」を採用し、総合窓口サービスを導入することとした[66]。従来窓口の流れを図9.11に、総合窓口の流れを図9.12に示す[5]。

図9.10 豊島区役所（文献［66］より引用、一部改変）

図9.11 従来窓口の流れ
（文献［67］より引用、一部改変）

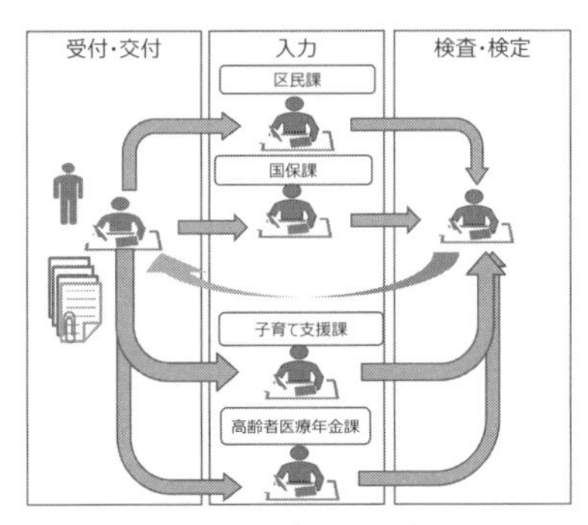

図9.12 総合窓口の流れ
（文献［67］より引用、一部改変）

個別の申請業務に対しては法律や通達があるため、業務パッケージを用意することができる。しかし、総合窓口は行政機関ごとに異なる建屋や組織構造から影響を受けるため、業務パッケージ化することができない。また、これまでは利用者が順に所管課に出向いていたため、1つの申請を複数の所管課が同時に処理することはなかった（図9.11参照）。IT化により1つの申請を複数の所管課が並行して処理することが可能となるが（図9.12参照）これにより発生する処理順序の飛び越しや処理完了の待ち合わせなどによる影響を分析することは困難であった。そこで、アジャイル開発により、実際の業務を確認しながら開発を進めることとし、高橋宝春マネジャーをリーダーとする6名が富士通(株)から開発チームとして参加した。開発チームのメンバー6名全員がアジャイル未経験者であったが、持っている業務ノウハウをレスポンスなどの非機能要件にも活用して、開発を推進した。

総合窓口サービス導入後、サービスに満足している利用者の割合は25%から57%と2倍以上に、不満を持つ利用者の割合は20%から7%と1/3となり[65]、価値を向上できた。その後、このサービスは同じ課題を持つ他の自治体にも提供されている。

(2) サービス品質

開発した総合窓口サービスは区役所職員が利用し、その結果として来庁者に様々な行政サービスが提供される。以下では、この総合窓口サービスの品質について紹介する。

①正確性

行政サービスは正確に処理されなければならない。本サービスは、表9.3に示す5つの担当窓口別の410業務に正確に対応する[5]。

表9.3 窓口分類と取扱い業務(文献[68]より転載)

対応窓口	取扱い業務
届出窓口 (人生のイベント別)	人材のイベント(転入・転居・転出・世帯変更・出生・死亡)に関する業務
外国人専用窓口	届出窓口で取り扱う業務のうち、外国人住民に係る業務
証明書交付窓口	住民票の写し、・戸籍の証明・税の証明等、各種証明書の発行
公金収納窓口	特別区民税・都民税・軽自動車税・国民健康保険料等、納付書による収納
その他業務	住居表示、住民台帳閲覧等への対応

②迅速性

・納期遵守

新市庁舎の開庁日までに、計画で提示した顧客満足度を向上させるサービスを提供することが必須である。

・スループット削減

これまで、来庁者は1つの処理ごとに書類を持って所管課に出向く必要があった。総合受付サービスにより来庁者は完了を待つだけで、所管課に出向く必要がなくなったが、不適切な処理ルートによる滞留や手戻りによってスループットが長くなり、待ち時間を長く感じさせると、満足度に大きく影響する。そこで、実際にソフトウェアを動かして検証すると、今までは逐次処理していた業務を並行処理できることが分かり、スループットを削減することができた。

③柔軟性

これまで、来庁者は1つの処理ごとに書類を持って所管課に出向くため、1人の来庁者の処理が並行となることはなかった。しかし、総合窓口サービスにより1人の来庁者の処理が並行して進ませることが可能となる。職員自身にとっても未経験の業務であるため、全ての業務要件を明確に開発チームに提示することは難しい。ただし、設計書での確認は難しいが、実際に業務で使用するデータで動くソフトウェアを使用できれば、確認が容易となる。アジャイル開発のプラクティス（実践方法）では、イテレーション終了時に数時間で動くソフトウェアを受け入れるか否かを判断する必要がある。しかし、通常業務を行いながら、開発期間を通じてこれを遵守することは現実的に難しい。そこで、職員が判断する期間として1イテレーション（2週間）を設定し、開発チームが利用者の実態に合わせてプラクティスを柔軟に変化させて対応した。イテレーションの流れを図9.13に示す[5]。

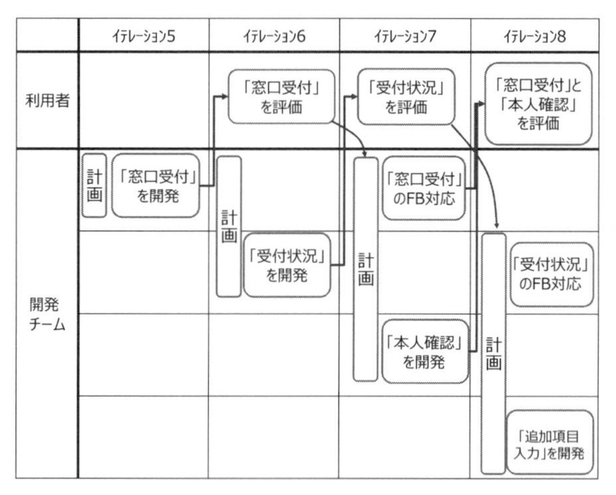

図9.13 イテレーションの流れ

④共感性

実際に業務で使用するデータによって動くソフトウェアは、利用者に実際の業務と同じ利用シーンを提供する。これにより利用者と開発チームはサービスが実現する価値を具体的に共有することができる。これにより、開発チームは価値につながるフィードバックや非機能要件を早い時期に得ることが可能となる。

ウォーターフォール型のシステム開発では、業務からシステム構築を行うに当たり、利用者はIT専門家の示す文書をレビューしてきた。つまり、利用者はIT専門家ではないにもかかわらず、初めて見る専門的な文書で、システムの妥当性を評価する必要があった。しかし、アジャイル開発では、利用者は実際と同じ業務を体験した中での気づきをフィードバックすることができる。開発チームもこの業務視点のフィードバックにより業務ノウハウを積み上げることができた。

また、職員からは、業務要件は提示されても、非機能要件は提示されないことが多い。そこで、開発チームが持つ業務ノウハウにより、レスポンスや性能に影響する要件が追加され、必要に応じてスパイク（技術検証）を実施した。

⑤安心感

アジャイル開発では、イテレーションごとに動くソフトウェアを提供する。利用者は「本当に、動くソフトウェアが提供されるのだろうか?」と不安を持つことが多い。そのため、初回のイテレーションで動くソフトウェアが提供されないと、不安がさらに大きくなる可能性が高い。

また、初回のイテレーションでは、業務だけでなく開発基盤を含めた整備が必要となる。本サービスの開発チームはアジャイル開発未経験であったため、初回のイテレーションの期間は、通常2週間のところを4週間とした。これにより初回のイテレーションの際、動くソフトウェアで一連の業務を確認でき、安心感を高めることができた。

⑥好印象

ソフトウェアは機能単位に構成されること。ウォーターフォール開発では、全ての業務に必要な機能を一括して開発するので開発は効率的になるが、利用者が体験できるのは全ての機能が開発された後になる。一方、アジャイル開発では、優先度が高い、利用者が体験したい業務に必要な機能のみを開発する。そしてイテレーションごとに利用者が体験したい業務に必要な機能を追加し、最適化して開発を繰り返していく。本事例では基本的業務を全イテレーションの40%が終了するまでに提供した。早い時期に基本を確認できたので、利用者全体に好印象を与えることができた。

(3) 自動化

(i) 自動化の実践

・ツール選定

開発チームはアジャイル開発未経験であったが、変化する要求に迅速に対応するためには自動化が必須であるため、第1~3ステージにおいてそれぞれ、開発支援ツール、テスト支援ツール、システム構成管理ツール、また、各ステージ共通の作業進捗管理ツールを導入した。具体的にはリーダーが学習していた以下のOSSを導入した。図9.14に自動化の流れを示す[5]。

- ・開発支援ツール:Ruby on Rails
- ・テスト支援ツール:RSpec、Jenkins

・システム構成管理：Git
・作業進捗管理ツール：Redmine

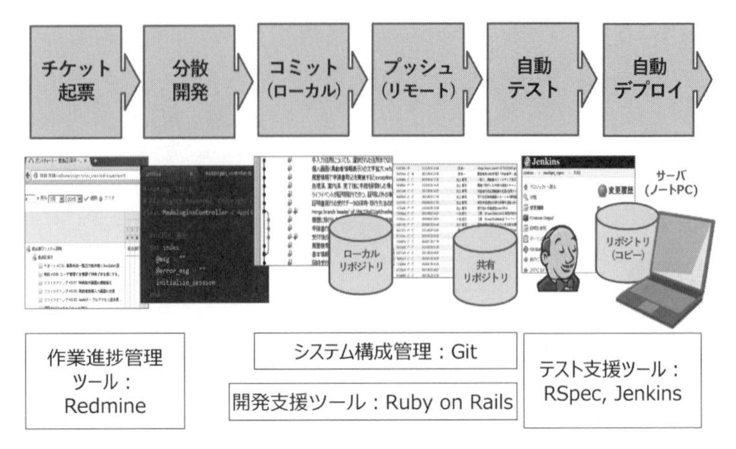

図9.14 自動化の流れ

・サービス対象の追加

現在、本サービスは他の行政機関にも提供されており、第3ステージのシステム構成管理ツールにより、他の行政機関に提供した共通機能が管理され、サービスとして成長し続けている。サービスの展開と成長について図9.15に示す。

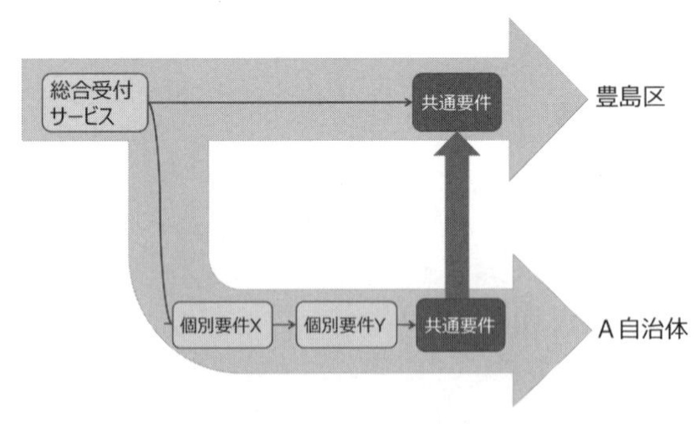

図9.15 サービス展開と成長

(ii) モチベーション

・守破離

本件では、開発チームメンバーはこれまで未経験であったアジャイル開発に取り組んだ。エクストリームプログラミング（XP）を採用し、まず、「守破離」の「守」に取り組んだ*1。その上で、柔軟性を満たすため、レビューを1イテレーション遅らせる「破」にも挑戦した。

このように、XPのルールを遵守するだけではなく、成功のためにルールを活用しようとするモチベーションが生まれた。

・BDDへの挑戦

テスト支援ツールとしてRSpecを採用したので、一部BDD（Behavior Driven Development、振る舞い駆動開発）にも挑戦した。未経験であるにもかかわらず、先進的アプローチへ挑戦したことは、開発チームのモチベーションを向上させた。

9.4 国家的危機への対応サービス事例

危機に直面すると次々に様々な要求が発生し、限られたリソースの中で柔軟かつ最速に対応し続けていくことが求められる。

本事例は、2011年3月11日の東日本大震災後に発生した東京電力福島第一原子力発電所事故（図9.16参照）におけるサービス構築である。人類が初めて経験する事故であり、国家全体に影響を及ぼした。事故対応可能な技術者は限られ、発する放射線は人命に影響する。変化する要求に柔軟に対応したサービス構築を紹介する。

＊1 「守破離」とは学習の3レベルである。日本の武術（特に合気道）に由来し、Alistair Cockburnが紹介した。「守」では、きちんとした技の基礎を築く。「破」では、ある程度自由になる。「離」では、独自の思考を編み出し、実証する [69]。

図9.16 福島第一原子力発電所1～4号機（出典：東京電力ホールディングス）

(i)サービス価値

以下に、状況に応じたサービス価値の変化について示す。

①危機対応時期

東京電力福島第一原子力発電所では、人の被ばく量管理業務、作業の放射線管理業務、管理区域立ち入り許可業務を、24時間365日支援するシステムが稼働していた。本システムは、個人情報の扱い、複数の制御・計測装置との連携、関連法令に応じて業務ごとに異なる担当部門との連携機能を有している。

ところが、図9.17に示すように、事故により想定外の放射線漏えいが発生し管理対象が拡大したため、法令や業務の前提が突然崩れてしまった。このため、それまでのシステムでは管理が行えなくなってしまった。

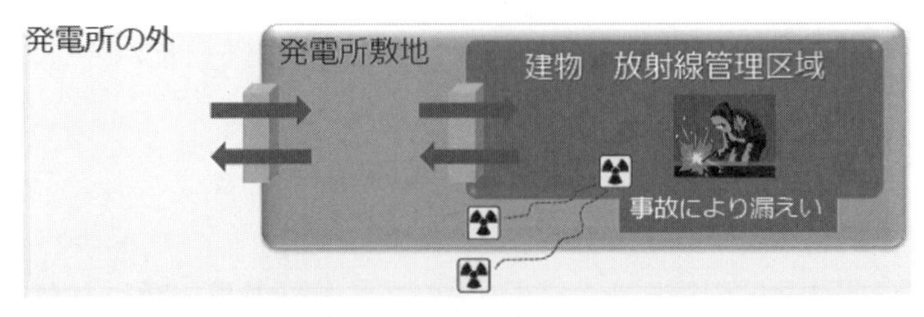

図9.17 事故による放射線漏えいと管理対象の拡大（文献［70］より引用、一部改変）

そこで、国家的危機への対応と作業員の安全確保を両立させるために、新たな法令や業務の設計と並行して、一刻も早い業務支援サービスの提供が求められた。プロジェクトは、東京電力ホールディングス(株)田中勧室長(フェーズ4から)と菊池秀樹リーダー、(株)テプコシステムズの田中啓史マネジャーと平井靖リーダーにより推進され、従来のウォーターフォール開発では要求への対応が困難なため、アジャイル開発によりサービスを提供することとした。「やれることは何でもやる」が実施できる環境と、高いスキルを持ったPOとチームの確保が、この開発を支えた[70]。

②組織化への移行期

プロジェクト発足から3年の間に、次の1〜4のフェーズを推進した。

フェーズ1:最低限の管理サービス提供(Microsoft Access)
フェーズ2:作業拠点(Jビレッジ)での管理サービス提供
フェーズ3:本格的な管理サービス提供
フェーズ4:警報付きポケット線量計(APD)連携サービス提供

フェーズ4になると、徐々に非常態勢が沈静化し、システム規模・プロジェクト規模が拡大してきた。そこで、個人での運営から組織での運営に転換するために、目的別にバックログとチームを分割し、POに3つの業務部門から代表者を招聘して、ステアリングチームを設定した。

③大規模開発期

2016年に、フェーズ5として、ホストレガシーとの統合(ホスト脱却)のための大規模な開発を開始することとなった。

図9.18 サービス導入フェーズ(文献[70]より引用、一部改変)

(2) サービス品質

以下に、フェーズ5のホストレガシーとの統合（ホスト脱却）におけるサービス品質を示す。

①正確性

放射線による健康影響は、確定的（急性障害）の他に晩発的（数カ月～数年）なものがある。したがって、放射線被ばくの記録は労働者保護のために重要なデータであり、特に正確性が求められるため、ホストレガシーの361機能という膨大な機能と、1997年のリリース後から20年間蓄積したデータの両方を正確に移行することが求められた。また、業務部門は3つあり、大規模で複雑な仕様を正確に決定することが難しいと予測された。

大規模であること、当初から全体スコープと期限が決まっていることから、本サービスは、本来ウォーターフォール開発向きである。しかし、緊急性の高いスコープの追加が見込まれることや、早期に利用したい機能があることに加え、アジャイルに慣れたチームの士気とパフォーマンスを維持したいということが決め手となり、アジャイル開発を継続採用することとした。

②迅速性

納期を遵守しながら、緊急性の高いスコープの追加と早期提供機能への対応のため、図9.19のようなリリース計画を立案した。6回のリリースを行うが、最初の2回はマスタ系、連携機能のリリース、中間の2回はエントリ系、報告機能のリリース、最後の2回はテスト・移行を中心とした。

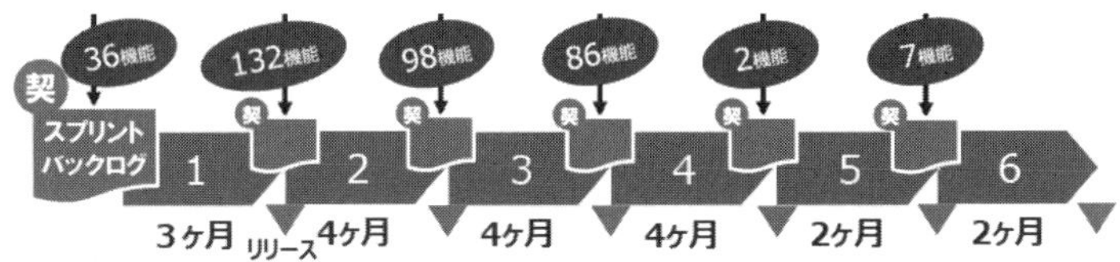

図9.19 要件定義フェーズとリリース計画（文献［70］より引用、一部改変）

③柔軟性

リリース計画は、緊急性の高いスコープの追加や規模拡大に応じて見直す。リリースする要件をリリースバックログにて管理し、優先度が低い要件は後回しや中止・縮小とする一方、優先度の高いスコープ追加の受入れや前倒しの変更を行った（図9.20）。システム開発契約はリリースごとの見直しを反映しながら、順次リリースごとに行った。

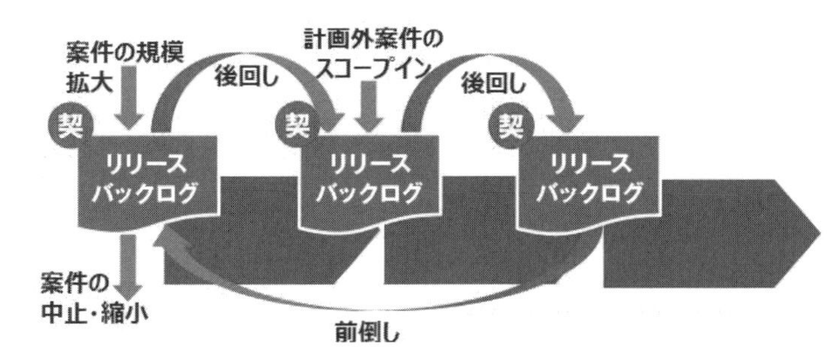

図9.20 リリースバックログの変更（文献［70］より引用、一部改変）

④共感性

業務部門が異なるメンバーが相互に要件とその背景を理解できるように、1つのプロジェクトルームにメンバーを集約し、以下の方針で図9.21に示す体制を構築した。

・PO（業務部門）ごとに10名を目安に「開発チーム」を編成
・全体を統括する「仕様統括チーム」を編成

・オープンな会議エリアがある大部屋を構築

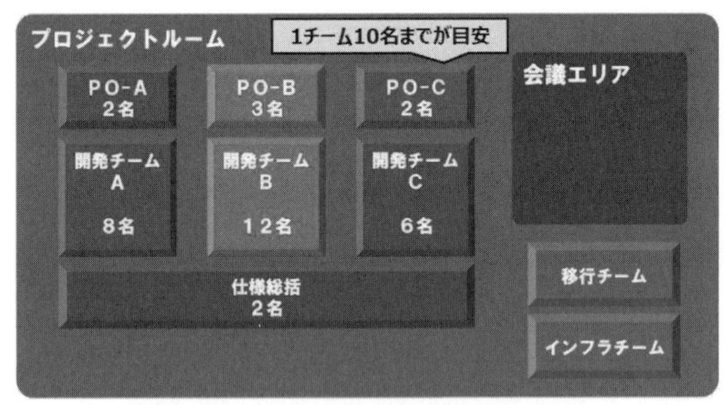

図9.21 チーム体制(文献[70]より引用、一部改変)

以上により、会話の内容が全員に聞こえるので、業務課題も技術課題も速やかに議論でき、共感性が高まった。

⑤安心感

フェーズ4までに構築したものを改良するので、新たな要件が既に構築したものに影響する範囲を見極められるかどうかという不安があった。そこで、リリースまでの期間を2週間ごとの8スプリントに分割し、コード開発は6スプリントまでとした。5・6スプリントでは、テスト計画と移行計画を立案し、最終の7・8スプリントではテストによりリリース品質を確保した(図9.22参照)。これにより変更を前向きに受け止めることが可能となり、業務部門と開発チーム双方が安心感を持つことができた。

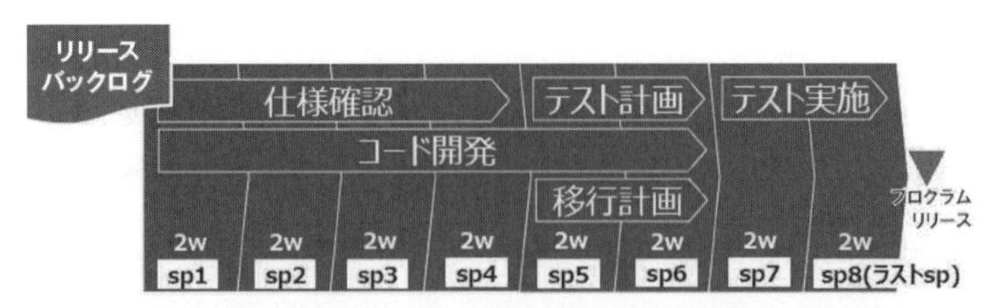

図9.22 リリースまでのスプリント構成(文献[70]より引用、一部改変)

⑥好印象

利用者がサービスを利用する際には、最初にメニューを使用する。本サービスでは、このメニューの印象にこだわった。通常、メニューは「○○機能」のように体言止めで表現するが、利用者から冷たい印象を持たれることがある。そこで、利用者と同じ視点で業務を遂行するサービスとして、表現を「○○をする」のように、動詞（文章）とした。これにより、利用者に「寄り添ってくれるようだ」という好印象を与えることができた。

(3) 自動化

(i) 開発手法

ホストレガシーの分析とフェーズ4までのノウハウにより、自動化に取り組む前に以下を実現することとした。

①単純構造：影響範囲とテストケースを小さくし、変化への対応とリファクタリングへの柔軟性を高めるため、以下に挙げるソフトウェアメトリクスを小さくするプログラムを書く。

- ・モジュール数（クラス数）
- ・インタフェース数（関数および引数）
- ・分岐数（エラー処理のif文）
- ・定義数（XMLファイル）

②簡単理解：ドキュメントを簡略化し、また、開発者以外もコードを容易に理解できるようにするため、以下のコードを「on登録Click()」「get社員情報（社員番号）」、「String企業名称」、「ログイン画面.java」のように日本語で記述する。

- ・変数名、関数名、クラス名、ファイル名
- ・HTMLリソース（タグのname属性等）
- ・テーブル名、項目名

③共同所有：個人が自由に、気軽にコミット（正本登録）し、互いの開発活動を見える化する。毎日36回のコミットが行われ、これによりテスト時に発生しがちな問題が解消されたことから、開発側のミスによるテスト遅延リスクを軽減できた。

以上により、フェーズ4までの34万ステップに100万ステップの既存システムの機能を取り込み、全体規模を47万ステップとリーン（ムダがない）にすることができた。リーンにすることを優先させた結果、結局、自動化に取り組まなかった。

(ii) モチベーション

東京電力ホールディングス（株）のような社会インフラを支える企業においては、ウォーターフォール開発が浸透している。こうした企業の中で、既存システムの再構築においてアジャイル開発を導入し、成功した。

フェーズ5開始時点では、企業として慣れ親しんだウォーターフォール開発を選択することが可能であり、客観的にはそちらを選択する方が妥当とも思えた。しかし、チームはアジャイル開発を選択した。この最大の決め手は、フェーズ4までにアジャイルに慣れたチームの士気であった。

チームは、必要なときに必要なサービスを利用者に提供することが魅力的品質になることを体感しており、また、フェーズ4までの経験により、ウォーターフォール開発を上回る成果を出せると自信を持つことができた。そして、アジャイルによる挑戦を選択し、モチベーション高く実行し、成功させた。結果として計画したQCDを達成し、業務部門の高い満足度を得ることもできた。

9.5 全国民に対するマイナンバーサービス事例

国のサービスは、全国民および関連自治体が利用者であるため、要求が多様化する一方、迅速なサービスが求められる。本事例では、全国民が利用者となるマイナンバーサービスにおける、多様なステークホルダーと納期遵守の両立について紹介する。

(1) サービスの価値

・政府におけるサービス設計

2016（平成28）年12月に官民データ活用推進基本法（平成28年法律第103号）が成立し、データ流通環境の整備や行政手続のオンライン利用の原則化など、官民データの活用に資する各種施策の推進が政府の取組みとして義務付けられた。安心・安全かつ公平・公正で豊かな社会を実現するために、2018（平成30）年7月20日にデジタル・ガバメント実行計画が決定された[71]。この計画では、図9.23に示す「サービス設計12箇条」を踏まえ、行政サービス改革を進めることとしている。

<サービス設計12箇条>
第1条　利用者のニーズから出発する
第2条　事実を詳細に把握する
第3条　エンドツーで考える
第4条　全ての関係者に気を配る
第5条　サービスはシンプルにする
第6条　デジタル技術を活用し、サービスの価値を高める
第7条　利用者の日常体験に溶け込む
第8条　自分で作りすぎない
第9条　オープンにサービスを作る
第10条　何度も繰り返す
第11条　一遍にやらず、一貫してやる
第12条　システムではなくサービスを作る

図9.23 サービス設計12箇条（文献[71]より引用、一部改変）

・対象サービス

社会保障・税番号制度（通称マイナンバー制度）は、行政を効率化し、国民の利便性を高め、公平・公正な社会を実現するための社会基盤となっている。このマイナンバーに関するオンラインサービスが「マイナポータル」である。2017年7月から、このマイナポータルにおいて、電子申請可能な行政サービスを検索し、申請できるワンストップサービスである「ぴったりサービス」が提供されはじめた（図9.24参照）[74]。

図9.24 「マイナポータル」(上)と「ぴったりサービス」(下)(文献[72, 73]より引用)

ぴったりサービスは、内閣官房番号制度推進室参事官補佐である山本武史が、企画から提供までを担当した(2017年当時)。ぴったりサービス自体は利用者が価値を実感しにくい。そこで、山本はサービス提供の優先順位について「ライフイベントのワンストップサービスを目指す中で、まずは国にとって喫緊の課題である少子化問題と深く関係し、国民のニーズも高い子育て分野から開始しました。今後は、引越しや介護などの分野にサービスを拡大して、より利便性を高めていく予定です。」と語った[75]。本サービスは、前述のサービス設計12箇条を実践したものと言える。

(2) サービス品質

①正確性

本サービスでは、公平・公正な社会を実現するための社会基盤としての期待に応えるため、1,741地方公共団体とサービス利用者を、いつでも、誰でも、どこからでも連携させる正確性が求められた（図9.25参照）。

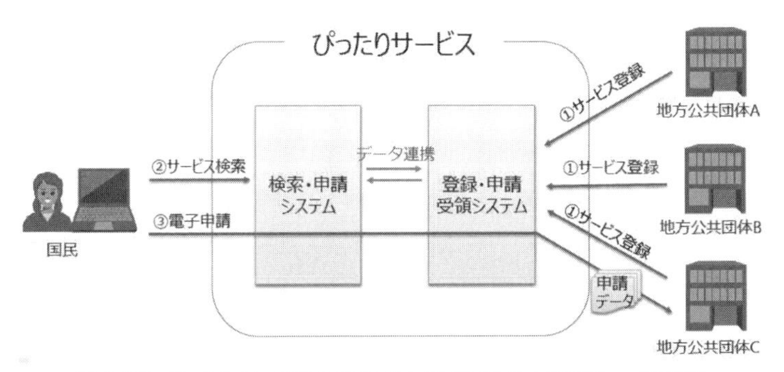

図9.25 ぴったりサービスの位置づけ（文献［74］より引用、一部改変）

②迅速性

開発開始からわずか半年後のリリースが求められたため、図9.26に示すように実質的に5カ月（10スプリント）での開発を設定した。そこで、POは、会議は1回1時間とすること、ビジョンに従い、会議内で課題に対して決定すること、という2つの会議ルールを策定した。

図9.26 全体スケジュール（文献［74］より引用、一部改変）

③柔軟性

開発に当たっては、利用者からのフィードバックを柔軟に取り入れるため、情報連携、サポート、フォローアップを整備し、連携させた。以下に具体例を示す。

- 情報連携
  - ・地方公共団体との情報共有のための専用プラットフォームを構築
  - ・47都道府県職員を集めた説明会の開催
- サポート
  - ・最大10人規模の専用オペレータ体制を整備
  - ・利用者の負荷軽減のため、操作マニュアルに加え、動画を提供
- フォローアップ
  - ・テスト実行状況のレポート機能の提供
  - ・デイリーチェックの実施
  - ・利用者へのフォローアップコールの実施

④共感性

開発チームは、ぴったりサービスに2チーム20名、公金決済サービスに2チーム13名を構成した。これらのチーム、PO、システム基盤を含めると最大100名で推進した。これらを、NTTデータ（株）小野崎義久を含む約90名と顧客で構成した。

開発期間が短いことと、アジャイル開発未経験のメンバーが多いことから、アジャイル用語の理解と認識に齟齬が生じた場合、致命傷となる手戻りが発生する可能性があった。これを回避するため、まず用語定義の確認から行い、アジャイル開発の進め方をしっかりとすり合わせた。これにより、価値ベースの優先順位、改善マインド、動くソフトウェア等に対して共通認識を持ち、互いの話を理解できるようになった。

⑤安心感

利用者に安心感を持ってもらうため、利用者視点の運用性と操作性について、仮説検証計画に基づく優先順位付けが必要となった。このため、第6スプリント以降と並行して運用テストを実施し、そこで3フェーズに分割した仮説検証を行って検証精度を高めることとした。仮説検証では以下の2点を考慮し、20自治体を候補とした。

- ・仮説検証バリエーションの網羅性（人口規模別）

・協力姿勢（テストへの積極性、依頼へのレスポンスなど）

仮説検証の第2、第3フェーズ後に、利用者に対してアンケート、インタビューを実施し、その結果をバックログやマニュアルに反映した。

⑥好印象

サービスをラスト1インチ、つまり利用者の指先まで届けることを実現するためには、高いUI/UX志向が必要である。そこで、ストレスない操作性を持つデザインのために、スプリントごとに全ての画面をレビューした。フロントのUI/UXだけでなく、バックオフィスの運用検証も連携させ、サービス全体で利用者視点に立ったサービスを開発した。

(3) 自動化

(i) 自動化ツール

開発ツールとして、Altemista Cloudを適用した。これにより、33名の開発チームのテスト実行の状況をデイリーでチェックすることができた[76]。

図9.27 Altemista（文献［74］より引用、一部改変）

(ii) モチベーション

チームは、官庁では異例とも言える、サービス志向とスピードによる魅力的品質の実現に向かった。アジャイル開発を導入することにより、実際に目で見て動かして利用者の満足を確認できるため、立場の上下など一切関係なく、皆が意見を出し合えるモチベーションを維持することができた。

9.6 請負契約におけるアジャイル開発事例

日本の技術者の70%以上はサービス提供企業に属する[77]。日本国内では、アジャイル開発を受託する場合、準委任契約やスプリントやリリースに合わせて頻繁に請負契約が締結されている。こうした契約は、発注側にとってはリスク受容や事務作業の追加となることから、アジャイル開発採用の障壁の1つとなっている。一方、受注側は、これによりアジャイル開発の採用が見送られることに不満を持っていた。独立行政法人情報処理推進機構ITSS+(プラス)「アジャイル領域」策定ワーキンググループメンバーの渡会健は、請負一括契約でアジャイル開発を採用したことにより、4年間で4億円以上を売り上げた実績を持つ。ここでは、発注側と受注側の相互の理解によりWin-Winとなった事例を紹介する[5]。

(1) サービス価値

・サービスに対する契約

これまで、日本国内の多くのシステム開発は、「請負契約」と「準委任契約」により契約されてきた。請負契約とは、受注者が「仕事の完成」を請け負う契約形態であり、準委任契約とは、発注者に代わって行った作業に対して費用を支払う契約形態である。

ウォーターフォール開発では、契約時に仕事の完成を定義できるため、これまで請負契約が多数採用されてきた。一方アジャイル開発では変化を前提とするため、契約時に仕事の完成を定義することができない。このため、発注者に代わって変化に対応する作業を行う準委任契約か、契約時点で仕事の完成を定義できる範囲の請負契約が採用される。なお、アジャイル開発の請負契約で設定される開発期間は、ウォーターフォール開発での開発期間と比較するとかなり短期となる。

2017年度の国会で民法の請負契約に関する改正が可決された。条文を図9.28に示す[78]。

第六百三十四条

次に掲げる場合において、請負人が既にした仕事の結果のうち可分な給付によって注文者が利益を受けるときは、その部分の仕事の完成と見なす。この場合において、請負人は、注文者が受ける利益の割合に応じて報酬を請求することができる。

一　注文者の責めに帰することができない事由によって仕事を完成できなくなったとき。

二　請負が仕事の完成前に解除されたとき。

図9.28 請負契約に関する民法改正 [78]

上記の改正後は、請負契約によりアジャイル開発を受注した場合において、スプリントごとのレビューで注文者が利益を受けることを確認することにより、完成を合意することができる。また、発注者は注文者が受ける利益の割合に応じて報酬を請求することができるようになる。

・サービスの価値判断

請負契約では完成責任を請け負うため、「完成の定義」を詳細にしてきた。しかし現在は環境変化が激しいため、契約時に詳細な完成の定義を行うことがより困難になり、契約後の完成の定義の変更頻度も増加していく。そこで、サービスの価値判断基準を、事前に決めた完成の定義ではなく、その根幹にある「発注者が完成時に受ける利益」とし、発注側・受注側がともにこの価値判断基準を理解することにより、各々の専門性を発揮して対等に協調する関係になれる。発注者は完成時に受ける利益を期待して契約する。受注側は、発注者の事前期待を超えるサービスを提供することにより、その価値をさらに上げることができる。これは、アジャイルソフトウェア開発宣言*2における「契約より協調を」の実践のために必要な考え方である。

(2) サービス品質

①正確性

請負契約における正確性の基準は「完成の定義」である。前述のとおり、アジャイル開発では契約時に詳細な完成の定義を行うことは困難であるが、「発注者が完成時に受ける利益」がその根幹にある。したがって、正確性の基準も「発注者が完成時に受ける利益」であると言える。

プロジェクト開始後の要件定義において、真に必要とする価値を掘り出すためには、発注者・受注者の両者がビジネス価値についての理解を共有する必要がある。本事例では、図9.29に示すBPMN(Business Process Modeling & Notation)[80]やマインドマップによりビジネス価値を可視化して、理解を共有した。これにより、これまで発注側だけで決定してきた、要件の内容や優先順位に対して、受注側から提案を行えるようになった。

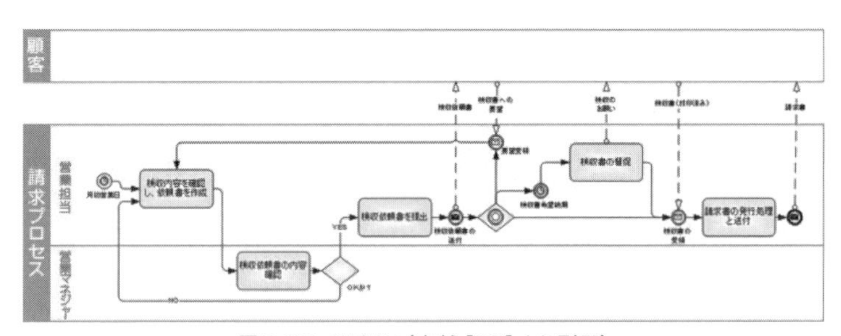

図9.29 BPMN（文献［80］より引用）

*2 「私たちは、ソフトウェア開発の実践あるいは実践を手助けをする活動を通じて、よりよい開発方法を見つけだそうとしている。この活動を通して、私たちは以下の価値に至った。プロセスやツールよりも個人と対話を、包括的なドキュメントよりも動くソフトウェアを、契約交渉よりも顧客との協調を、計画に従うことよりも変化への対応を、価値とする。すなわち、左記のことがらに価値があることを認めながらも、私たちは右記のことがらにより価値をおく」［79］。

②迅速性

請負契約の場合、納期遵守は必達である。そのため、スプリントごとに設定したゴールをできるだけ遵守する必要がある。ウォーターフォール開発では要件定義、外部設計、内部設計、コーディングの工程で要件を段階的に詳細化するため、アジャイルに取り組み始めて慣れない間は、数週間のスプリントの中では動くソフトウェアの作成が困難な場合もある。これに対応するため、1つの要件（ユーザストーリー）に対して以下の3スプリントを適用して、段階的に詳細化する工夫を最初の頃は行っていた。このことで発注側・開発側双方がスムーズにウォーターフォールからアジャイルに移行できた。

・分析：価値と連携させて要件を定義する。
・設計：要件を具体化し、完成の定義を確認する。
・開発：要件を実現する、動くソフトウェアを完成させる。

以上に、③で示す「発注者による確認」「フィードバックへの対応」を加えた、合計5段階の要件が1スプリントに共存する（図9.30）。

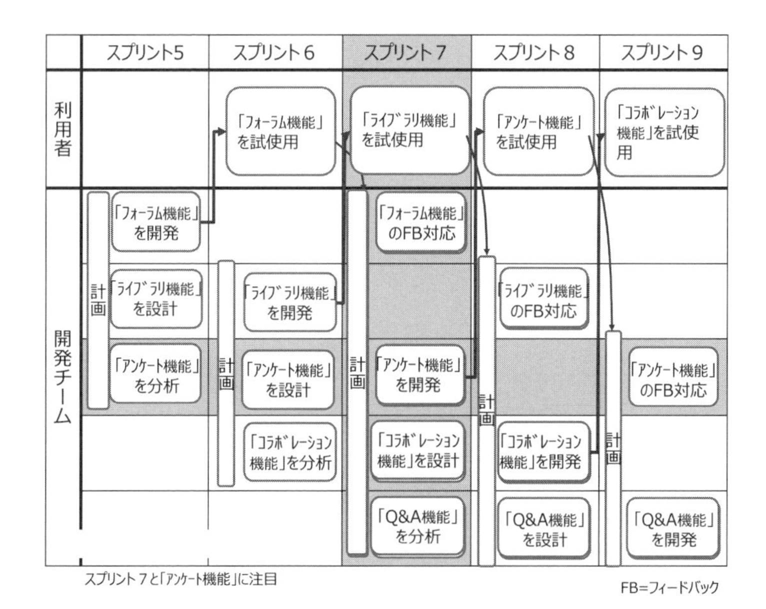

図9.30 スプリントごとの要件の流れ

③柔軟性

請負契約においても要件（スコープ）変更は発生する。サービスの価値である発注者が完成時に受ける利益を基準として、スプリントごとに要件を具体化・補正していった。また、完成の合意は一括ではなく、スプリントごとに動くソフトウェアにより段階的に行った。

また、利用者は通常業務を行っているため、開発側の都合で時間を指定して動くソフトウェアを確認してもらうことは難しい。このため、1スプリントを、利用者が確認するための「試使用」期間とした。開発側からするとフィードバックが1スプリント遅れるものの、図9.29に示すように、分析、設計、開発と並行して、試使用とフィードバックを進めることができた。

④共感性

アジャイル開発は、ウォーターフォール開発と比較すると、要件への質問対応を頻繁に行う必要があるため、発注側と受注者のコミュニケーションが増加する。しかし、POは発注側のビジネス面でのキーマンであることが多く、随時発生する開発チームからの質問に回答する時間の確保が難しいことが多い。

そこで、受注側にPOの代理人であるプロキシPOを設置し、質問に対応することとした。これにより、開発チームはスムーズに作業を進めることができた（図9.31）。プロキシPOは、POと同じ判断基準で質問に対応する必要があるため、価値に対する共感性を高めていく必要がある。それには、限られた時間の中でのコミュニケーション能力と価値理解力が必要である。

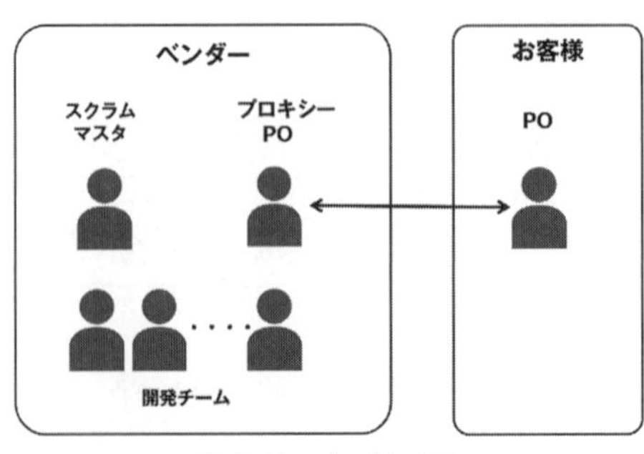

図9.31 プロキシPO

⑤安心感

ウォーターフォール開発では、発注者は設計レビューには参加するが、その後数か月にわたる開発には参加しない。そのため発注者が設計文書に過剰な期待を持ってしまい、テスト時にガッカリする、ということもままある。アジャイル開発では、要件を確認した後わずか数週間で、優先順位の高いものから動くソフトウェアが提供できるので、発注側の安心感が高まる。仮に事前期待を下回った場合にも、フィードバック反映で挽回することができた。

本事例では、発注側に安心感を与えるには、初回スプリントが最も重要と考え、そのゴールを一連の業務が流れる最小限の動くソフトウェア(MVP: Minimum Viable Product)とした。また、イテレーション期間を維持するために一部の異常処理を省略したこともあった。

⑥好印象

発注者が得られる利益は、利用者が実際に使う際に発生する。早期に利用者に一連の業務が流れるMVPを提供し、フィードバックしてもらうことにより、印象が良くなり、サービスの価値を高めることができた。

(3) 自動化

(i) 自動化ツール

自動化には、OSSを中心として、以下のものを適用した。

- 自動化テスト：TestLink、Selenium、RSpec、Capybara等
- 情報管理：Redmine（カンバン*3、KPT*4）、チャット

*3 カンバン：トヨタ生産方式生産の指示票。アジャイル開発では作業に対するチケットのことを指す。グローバルにおいてもKanbanとして利用されている。
*4 KPT（ケプト、ケイ・ピー・ティー）：レトロスペクティブ（振り返り）時に使用する。K(Keep)：良い点（続けたい点）、P（Problem）：悪い点（繰り返したくない点）、T（Try）：次にやってみること（良い点を続けるために、または、悪い点を繰り返さないために）

(ii) モチベーション

開発チームは、通常、バーンダウンチャートで残タスク数を見える化して、イテレーションの完成を管理する。要件から動くソフトウェアを開発していくことは、未経験者にとっては難しい。特に、立ち上げ時には計画どおりに行かないことが多く、一向に残タスクが減らず、モチベーションが低下してしまった。そのため、図9.32のように完了したタスクの累計である消化タスク数と、当初タスクと追加タスクの総計である総タスク数の2つを追加したバーンアップチャートを使用した。その結果、消化タスク数によりチームの成果を確認でき、達成感を持つことができた。また、総タスク数により変化を確認でき、変化に対応するモチベーションも向上した。このように、教科書どおりに実行する「守」から、モチベーションを焦点とした「破」を実践することができた。開発チームは、これまでの受託する姿勢から価値を実現する姿勢に変わった。魅力品質を実現し、「いいね！」の評価を得ることにより、モチベーションを維持できた。

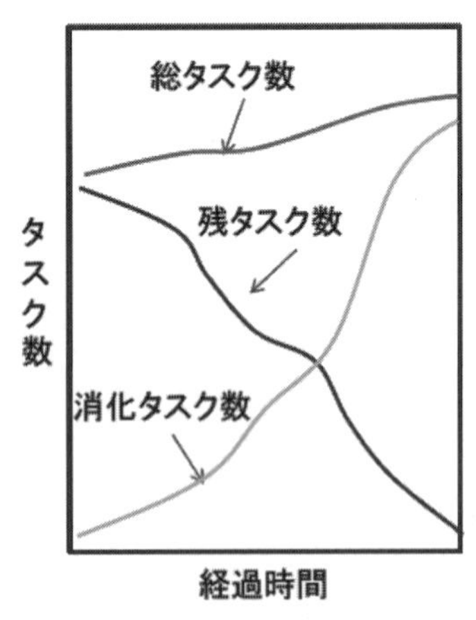

図9.32 バーンアップチャート（文献［81］より引用）

9.7 グローバル受託サービス事例

本節では、ブラジルの企業において、海外企業から受託するオフショア開発にアジャイル手法を導入し、自らの組織変革を経て、顧客の組織変革を支援している事例を紹介する。

(1) サービスの価値

ブラジルに本社を持つCI&T(株)は、マクドナルド、Google、コカ・コーラ、ジョンソン&ジョンソンなどのグローバル企業からシステム構築を受託し、それら全ての案件を2,500名の技術者によりアジャイル開発している[82]。

同社は、従来はウォーターフォール開発での品質向上を推進していたが、ある顧客からの要望で2008年よりアジャイル開発に取り組みはじめた。その顧客への初回のアジャイル開発は、品質はウォーターフォール開発に及ばなかったものの、顧客満足度は高かった。そして、2回目ではこれまでウォーターフォール開発で培ってきた品質を超えることができたため、2009年から全ての案件をアジャイル開発で受託することとした。その後、図9.33に示すように年率34%で成長し、顧客の96%から継続的に開発を受注している。

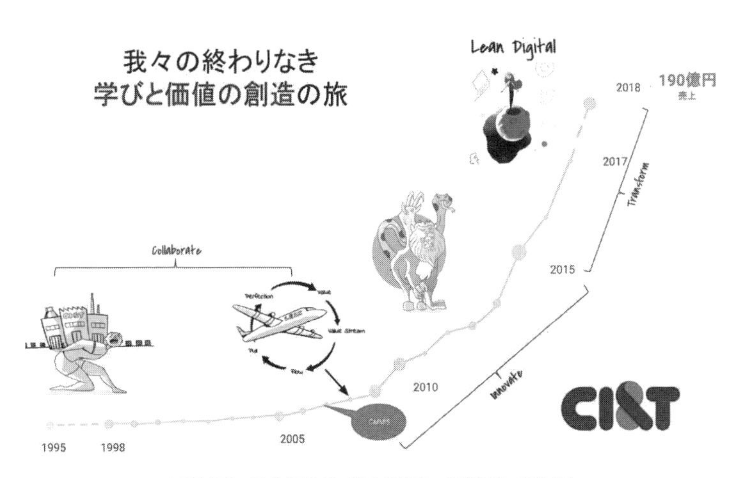

図9.33 CI&T社の成長(出典:CI&T株式会社)

(2) サービス品質

①正確性

同社は、ウォーターフォール開発においては、CMMI*5 レベル5の開発プロセスを培ってきた。このノウハウをアジャイル開発に適用し、データに基づく継続的改善のための体系的プロセスを確立した。これにより得られる正確性が、同社の成長を支えている。

②迅速性

ウォーターフォール開発では文書によるコミュニケーションを行うため、発注元と受注元が非同期で活動できる。そこで、従来は、欧米が夜の間にはインドや中国での開発を行ってきた。一方、アジャイル開発では、POと開発チームの密なコミュニケーションが必要なため、発注元と昼間の時間帯が同じ地域で開発を行うことが求められる。つまり、ウォーターフォール開発においては、地球上の水平（緯度と並行）な位置関係にある地域と連携してきたが、アジャイル開発においては、地球上の垂直(経度と並行)な位置関係にある地域と連携する。

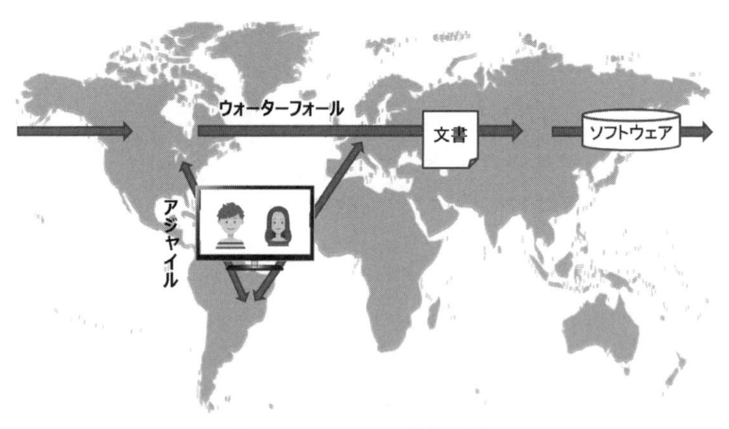

図9.34 オフショア連携の変化

＊5 CMMI(Capability Maturity Model Integration)はソフトウェア開発におけるプロセスの評価や改善の枠組みであり、国際的に活用されている。レベル5は、非常に成熟した高品質を実現する開発プロセスであることを示す。

インド、中国とともにBRICsの1つであるブラジルは、時差が米国とは3時間、イギリスとは2時間であるため、欧米でのアジャイル開発のオフショアとして有効である。1日8時間のうち5時間以上コミュニケーションすることが可能となるため、質問回答のスループットを高められる。

③柔軟性

日常的に国境を越えて開発を行ってきたことを通じて蓄積したノウハウにより、各地域と連携したグローバル展開を柔軟に実現している。

④共感性

より良いサービスを提供するためには、利用者の価値を創造する流れを端から端まで(END to END)で理解することが必要となる。そのために、図9.35のようなカスタマーオブセッションを明確にする。

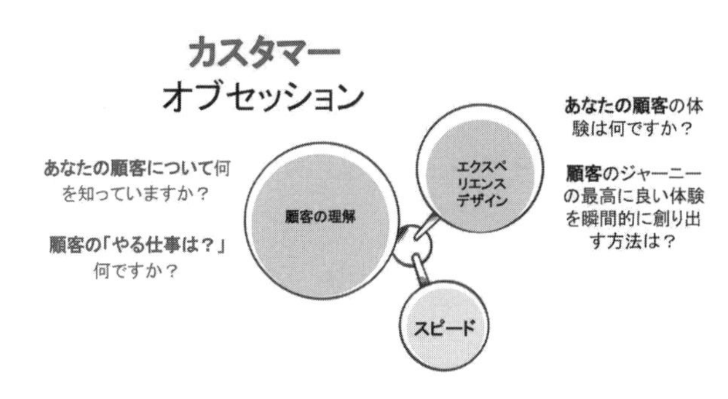

図9.35 カスタマーオブセッション（出典：CI&T株式会社）

また、開発チームからは、利用者の顔が見えないことが多い。そのため、チームのワーキングスペースに顧客のロゴマークや代表的な商品を設置して、共感性を高めている。また。プロジェクトが終了すると、記念にシャンパンを抜いてコルクに顧客名を書き、太鼓を鳴り響かせて関係者全員みんなでお祝いをするなどして、顧客との一体感を作り出している。

⑤安心感

・開発チーム

グルーバルで多くの成功事例を持つ以下の2つのメソドロジーを採用した組織プロセスを確立した。

- ・CMMIレベル5
- ・トヨタ生産方式（リーン）

CI&T（株）の開発現場では、トヨタ生産方式の用語である「ゲンバ（現場）」「カイゼン（改善）」「カンバン（看板）」「アンドン（行燈）」などが飛び交っている。例えば、エンジニアが行き詰まると、周囲から人が集まり、ああでもないこうでもないと解決方法を一緒に考えてくれる[83]。このように、個人ではなくチームとして活動し、安心感を醸成している。トヨタ生産方式（リーン）から適用したアナログで見える化するボードの内容は英語だが、図9.36のように「守破離」だけは日本語を毛筆で書いたものが壁に貼られている。

図9.36 壁の守破離（出典：CI&T株式会社）

・顧客

CI&T（株）は、動くソフトウェアだけでなく、顧客の組織変革をサポートするサービスをも提供する。一緒にサービスを構築した体験に基づいて、図9.37のように行動から考え方、そして組織文化を変えていくことが可能である。

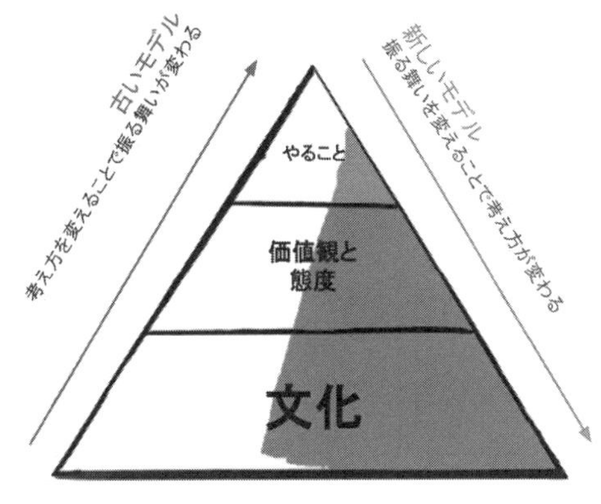

図9.37 変革モデル（シャインの組織文化モデル）（出典：CI&T株式会社）

⑥好印象

利用価値を高めるためには、利用者の特徴を把握することが必要である。そのために、利用者のペルソナを壁に貼り、常に利用者を意識できるようにしている。ペルソナとは、サービスの利用者像を仮想の人物として定義したものである。利用者の年代、役職、経歴、好みなど利用者視点での利用価値に必要な情報を選んで設定する。

(3) 自動化

(i) 自動化ツール

自動化の例として、以下のOSSツールを適用している（図9.38）。

・開発支援ツール：SonarQube

・テスト支援ツール：Jenkins、PHPUnit、behat

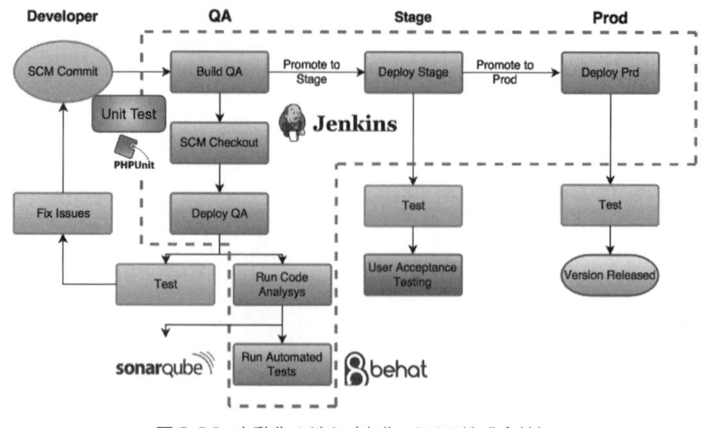

図9.38 自動化の流れ（出典：CI&T株式会社）

(ii) モチベーション

受託開発時は、受託者として自らがを行うことで、その後は顧客組織の変革をサポートできることで、モチベーションを維持している。いずれの場合も、顧客の受託に関する事前期待を上回る魅力品質の実現に向かっている。

9.8 成熟したベンチャー企業における組織変革事例

企業は組織化し、それが次第に機能別に分割されて成熟していくことが多い。こうした場合、組織ごとに自組織の利益を最優先させる機能別のサイロ（蛸壺）化してしまうことが多い。これにより組織ごとに部分最適化できても、全体最適化になることは少ない。一方、企業を取り巻く環境の変化に対応するためには全体最適化が必要であり、ベンチャー企業もこの例外ではない。本節では、サービス提供とアジャイル開発を通じて企業の組織変革を行った事例を紹介する[84]。

(1) サービスの価値

(株) ヴァル研究所は、1988年に、主力製品である「駅すぱあと」をMS-DOS用ソフトウェア製品としてリリースした。利用者は製品を購入し、自分のPCにインストールして利用した (図9.39)。さらに2011年からは、「駅すぱあと」の各種プロダクト・サービス (以下、「駅すぱあと」サービス) の提供を開始した。利用者はこれを無料で自分のスマートフォンにインストールして、駅のホームや電車の中で利用する。これは、1つのソフトウェアの位置づけが、「時刻表より便利なツール」から「交通機関と密接に連携した社会基盤サービス」に大きく変化したことを意味する。

ソフトウェア版「駅すぱあと」のビジネスサイクルは、企画－開発－提供－販売－保守と長期にわたる。一方、「駅すぱあと」サービスのビジネスサイクルは、利用者の利用形態の変化、出発前の経路検討、事故等による経路変更、台風など自然災害時の運用状況確認、出張精算などの環境変化に対応するため、短期でサービスの更新を繰り返していく必要がある。

日本の交通機関は世界に類を見ないほどの定時運行を実践しているため、利用者は「駅すぱあと」サービスにも時と場所を選ばず「正しくて当たり前」という事前期待を持っている。例えば、台風により運休が出た場合や新たな路線が開業した場合、ホームで電車に乗り込む直前などにおいても、正しい情報が常に一定のレスポンスで得られることが期待される。また、運休時に通常の数倍のアクセスが集中してもダウンしないサーバや、環境変化に応える頻繁なリリースも求められる。そこで、(株) ヴァル研究所は、「駅すぱあと」サービスについてクラウド化とアジャイル開発の要素を取り入れてカイゼン文化を浸透させていき、これに対応可能な組織への変革を推進した。

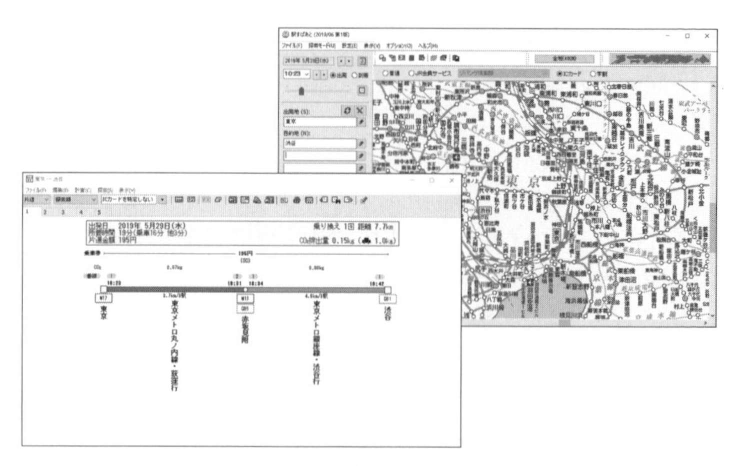

図9.39 駅すぱあと(出典:(株)ヴァル研究所)

(2) サービス品質

以下では、利用者へのサービス提供と組織的対応という2つの観点から、サービス品質について解説する。

①正確性

・サービスとしての正確性

ソフトウェア版「駅すぱあと」の開発で培ったノウハウを「駅すぱあと」サービスにも継承した。例えば、実際に電車を乗り換えて乗り継ぎ時間を測定するなど、実体験によって得なければならない情報がある。こうした地道な積み重ねが、「正しくて当たり前」という事前期待に応えることにつながる。

・正確性のため組織活動

これまでに培ったノウハウを継承するため、「駅すぱあと」の父である宮本雅臣を囲む「宮本塾」を開催している(図9.40)。これによりサービスを生むときの暗黙知を時代を超えて継承している。

図9.40 「駅すぱあと」の父によるDNA継承（出典：(株)ヴァル研究所）

②迅速性

・サービスとしての迅速性

ソフトウェア版「駅すぱあと」では、主たる顧客接点は製品提供であり、利用形態も基本的に机上のみであったため、開発においてはスピードに主眼を置いていた。一方、「駅すぱあと」サービスは、サービス提供であり、ソフトウェアとしての機能だけでなく、「いつでも、どこでも」の利用を支える安定した運用が求められる。例えば、台風などの自然災害時にアクセスが急増しても、社会基盤サービスとしてこれに応える必要がある。しかし、自社サーバでの運用では対応に限界があるため、クラウドに移行して、期待に応える安定運用を実現した。

・迅速性のため組織対応

「駅すぱあと」サービスを自社サーバで運用していたときには、特に自然災害時に過大な負荷が掛かることが問題であった。ビジネスモデルの変化により生じる限界を改善するためには、様々な利用シーンに視野を広げ、組織としてのマインドチェンジを行う必要がある。

③柔軟性

・サービスとしての柔軟性

利用者の、利用シーンにより、「駅すぱあと」サービスが提供する情報に対する重要度は異なる。例えば、急いで移動するときには到着時刻のみを参照するが、料金を見ない。一方、出張後の清算時には料金のみを参照し、到着時間を見ない。利用者の利用シーンは多様であり、変化していく。様々な利用シーンに対応するために開発を継続していく必要がある。

・柔軟性のため組織対応

これまでは、経路検索、運行情報などの独立した機能により、サービスが提供されてきた。しかし多様な利用シーンに対応できる新たなサービスを実現するために各機能を連携させる必要がある。例えば、あるサービスでは、位置情報検索、自宅情報、経路検索、乗換アラームなどの機能を連携させる必要がある。こうしたサービスを提供していくためには、価値を創造するまでの流れ（バリューストリーム）をそれぞれの機能を提供する部門が相互に理解することが必要となる。

（株）ヴァル研究所では、全部門が参加してバリューストリームマッピングを実施している。図9.41に示すように床にサービスに関する全てのプロセスを並べ、その関係を全員が理解する。

図9.41 バリューストリームマッピング（出典：（株）ヴァル研究所）

④共感性

・サービスとしての共感性

以下のような様々な利用ケースについて、顧客に共感することが、サービスへの事前期待に応えることにつながる。

・目的地に土地勘がある場合とない場合
・健康な場合とケガをしている場合
・1人の場合と家族同行、特にベビーカーを利用する場合

・共感性のため組織対応

宮本塾やバリューストリームマッピングを通じて利用者への理解を深め、挑戦することを好きになれる環境を整備している。これにより、パズルを解くように楽しんで創造することができる。

⑤安心感

・サービスとしての安心感

利用者に安心感を与えるためには、サービスを使いたいときに使えるようにする必要がある。特に、自然災害等により交通機関が混乱して安全が脅かされている際に対応するために、クラウドによる安定したサービス提供を行っている。

・安心感のための組織対応

フィードバックから短時間でリリースを繰り返していくためには、表9.4に示す、透明性、検査、適応ができる場作りが必要となる[86]。

表9.4 経験的プロセス制御の３本柱 [86]

３本柱	内容
透明性	作業する人とその成果を受け取る人が「完成」の定義を合意している。また、完成までのプロセスを参加者全員が理解している。
検査	作成物や進捗を頻繁に検査し、変化を検知する。ただし、頻繁すぎて作業の妨げになってはならない。
適応	成果物や進捗が許容値を越える場合、プロセスやその構成要素をできるだけ早く調整する。

これは、価値に集中できる安全性を確保し、集中力が高まる“ゾーン”につながる。

こうした活動は、開発部門だけにとどまらない。例えば総務では個人ごとに割り振られた業務が多く、それぞれ、隣の人が何をしている

かを知らなかった。そこで、開発部門からローテーションしてきたメンバーが、図9.42のように、各人の業務を見える化して朝会をリードし、上司が部下の困りごとや成長をサポートした結果、安心感が高まった。このボードは必ず目に分かるようにとても大きい。

図9.42 総務のKPTボード（出典：(株)ヴァル研究所）

⑥好印象

・サービスとしての好印象

「駅すぱあと」サービスは、スマートフォンの特性を活用してよりUXを意識したUIを強化した。

・好印象のための組織対応

利用者の好印象を高めるためには、チームも楽しくなることが必要と考えた。このため、楽しく活動できるチームを目指した。他から与えられたルールで行動するよりも自分達で決めたルールで活動することの方が楽しい。そのために、朝会や振り返りにおいても、自分達でルールを改善し、自律した運営ができるようにしていった。周囲のチームがサークルのように楽しく活動し怒りがなくなると、他のチームを攻撃しなくなる。するとチーム同士が次第に協調するようになる。相談は、会議ではなくチーム間で必要なときに行われ、課題解決の促進や新たな価値が生まれるので、会議も減少する。

(3) 自動化

(i) 自動化ツール

組織としては特定の自動化ツールを選定せず、チームメンバーが任意に以下のツールを適用している。評価が高ければ、周囲にも利用が広がっていく。

- ・開発支援ツール：GitHub
- ・CIサーバ：Jenkins
- ・システム構成管理ツール：Chef
- ・システム運用支援（メッセージ交換、伝達支援）：Slack
- ・作業進捗管理ツール：Jira

図9.43 適用している自動化ツール（文献［85］より引用、一部改変）

(ii) モチベーション

自分たちが課題に対する対策を考え、実行できる環境は楽しい。その楽しさがよりサービスを良くしていくという相乗効果を生んでいる。

また、より早期に悩みを共有するために、課題の前段階のモヤモヤした思いを表示する「モヤモヤボード」を導入した。平行して、悩みを話せるが書き出せないという人には、自分から情報発信できるよう時間をかけて促した。

モヤモヤボードには何を書いてもよいということが周知されると、利用が促進し、組織全体のモチベーションが向上した。

9.9 若手のモチベーションを高める事例

社内システム開発ではメンバーが固定する傾向があり、若手のモチベーションが上がりにくいことが多い。本節では、業務上の価値の追求だけでなく、若手のモチベーションを高めるためにアジャイル開発を適用した事例を紹介する。

(1) サービスの価値

NECソリューションイノベータ（株）は、NECグループの社会ソリューション事業をICTで担う中核会社として、システムインテグレーションや各種サービスの提供、ソフトウェア開発を軸に事業を展開している[87]。社内サービスは社員の誰もが利用するものだが、サービスリリースは1年ごとであるため、利用者の要求が常にストックされていた。そこで、同社はリリースサイクルの大幅短縮に向け、社内システムの開発および運用に対するDevOpsの導入に取り組み、これによる、社内システム開発コスト回収の早期化を狙っていた[88]。本活動は情報システム部福井知宏が推進し、エンジニアリング推進本部アジャイル開発支援担当安藤寿之が支援した。

また、社内システムには、枯れた安定した技術が適用されることが多く、スマートフォンやインターネットサービスに親しんでいる若手開発者の感覚と大きく乖離していた。そこで、リリースサイクルをネットサービスに近づけるための活動を通じて、若手開発者のモチベーションとスキルの向上を狙った。

(2) サービス品質

①正確性

従来は、正確性を維持するために、多くの利用者との調整に時間を費やしていた。しかし、この調整時間を削減して、限定した利用者にリリースとフィードバックを短期間で繰り返せば、その後に利用者を数百人に拡大しても、正確性を維持しながら、リリースまでの期間を短縮できると予測した。そこで、初期にフィードバックする対象者を20名に絞ることとした。

②迅速性

リリースサイクルの短縮に伴い、利用者からの要求に変化が生じてきた。それまでは組織としての目的だけが優先され、利用者からの要求が反映されにくかったが、アジャイル開発においてはリリースごとのサービス規模が小さいため、利用者も要求を小さく分割し、利用者の利益（困った感）を分かりやすく表現するようになってきたのである。要求が小さくなることにより、優先度の高いものを取り込めるようになってきた。

当初はリリースサイクルを1年から1カ月に短縮することを目標としていたが、それを実現した現在では、1週間でリリースすることもある。

③柔軟性

リリースサイクルが短縮されたことで、緊急性の高い要求の中から優先度の高いものを少しずつ取り込めるようにり、未着手の要求ストックを減少させていくことができた。これにより利用者も、開発者が緊急性の高い要求をできる範囲で柔軟に取り込んでいることを理解していった。

④共感性

利用者と開発チームが一丸となり、要求を少しでも早く実現する活動を、KPI (Key Perforamce Index)として見える化した。具体的には、FAQ検索システムに以下の4項目を設定し、経営者、利用者、開発者で共有することにした（図9.44）。

・アクセス数：利用頻度を示す。利用機会を高めることはより良いサービスへの第一歩である。
・正答率：FAQ内容を含めた正答率。利用者の最終期待につながる。
・回答満足率：期待とのギャップを示す。開発チームのモチベーション向上につながる。
・効果：経営的貢献を示す。開発の最終的ゴールである。

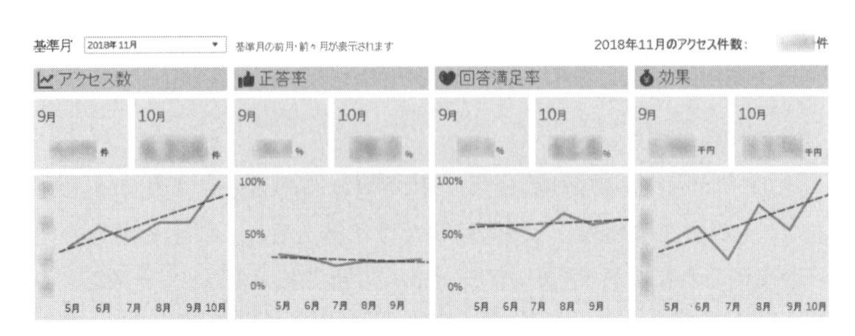

図9.44 FAQ検索システムのKPI（出典：NECソリューションイノベータ（株））

その結果、以下のようなことが分かった。

・アクセス数が増加し、サービス認知度が向上している。
・質問対象が拡大し、FAQ内容を含めた正答率は低下している。
・正答率の低下にも関わらず、回答満足度が向上している。

このことから、利用が促進された影響で質問の難度が高まっている可能性があると考えられる。一方、回答満足度が上昇していることから、利用者の事前期待に適合していることも分かる。

これにより、KPIを高める要求が何であるかを共有し、その実現を推進するための共感が高まった。

⑤安心感

リリースサイクル短縮に際しては、これまでと大きく取り組み方が変わるため、1年目は準備期間とした。まず、若手開発者にDockerに関する技術調査をさせて、課題の背景や成長の好機について話をする挑戦に対するメンタリングを行った。2年目からは、比較的安全なDockerによるリリースの自動化に取り組んだ。これにより、安全であることを理解しながら、Dockerの実践への挑戦をすることができた。

⑥好印象

利用者と開発者の接点が増えてくると、日常的にお互いにあいさつをするようになった。それまでは、開発者と利用者の会話の多くはクレームをきっかけとするものであったが、それが要求実現に向かって協調するためのものに変わり、若手開発者が「ありがとう」と言われる機会が増加した。

(3) 自動化

(i) 自動化ツール

DevOpsパイプラインは、マイクロソフトクラウドとOSSを組み合わせて構築された。Microsoft Azure Virtual MachinesでCentOS/Ubuntu＆Dockerを動かしているほか、SonarQubeなども活用した(図9.45参照)[88]。

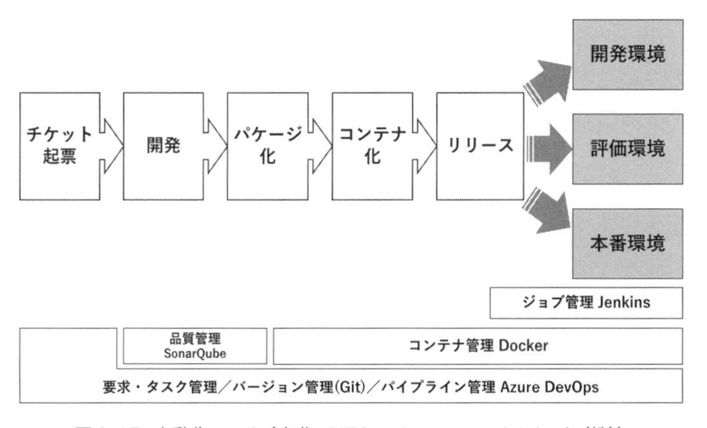

図9.45 自動化ツール(出典：NECソリューションイノベータ(株))

(ii) モチベーション

若手技術者は、これまでと異なる挑戦を楽しみ、彼らのモチベーションを上げるという当初の目的を達成できた。リーダーは彼ら自身に挑戦したことを認識させ、さらなる成長に挑戦させていきたいと考えている。

また、リーダーは、複数の利用部門と連携した協調を推進している。社内文化も、利用者部門と開発部門が協調するなど「部門の壁を越えて課題解決を行う」方向へと、大きく変わりつつある。

〈付録1〉
自動化ツール群の連結活用

自動化ツールは、単独であってもその各々の目的に沿った自動化を実現する。そしてまた異なる自動化ツールを連結することによってより高度の自動化を実現することができる。

「自動化ツールチェイン」とは、関連する自動化ツールを連結、あるいは組み合わせて、より高度の自動化を実現する仕組みである。このような仕組みの例について、本書では第４章～第８章の中で紹介してきた。表A.1に、ツールチェインの典型例とその説明個所を示す。

表A.1　自動化ツールチェインの例

ツールチェイン名称	説明	本文中の説明個所
CI連携ツールチェイン	CIを中心とした連携	4.4(5)
CD連携ツールチェイン	CDを中心とした連携	7.8(3)
プロビジョニング連携	プロビジョニングのための連携	6.2(3)
ELKスタック	運用データの収集・分析・可視化	7.3(1)(ii)④
Redmine連携	Redmineと関連ツールとの連携	8.2(3)
Groovyツールチェイン	Groovy/Gradle/Spock/Gebの連携	5.4(5)

〈付録2〉 最新の自動化ツールのURL一覧

サービス開発・運用のための最新の自動化ツールのURL一覧を以下にまとめる。本文中のツールの出現順に列記し、OSSツール、商用ツールについてそのURLを示している。古いツールなど、対応するURLが存在しない場合は、解説記事（Wikipedia等）のURLを表示している。

この一覧の中には、一部、紙面の関係で本文中に記載できなかったツールも含まれている。これらについてはツールの項番の後ろに*で表示しているので、関心のある読者は各ツールのウェブサイトを参照されることをお勧めする。

なお、GitHubは、OSSに対しては無料で利用権を与えている。このためOSSの中にはGitHub上にウェブサイトを持っているものが少なくない。

本資料は、ツール名に対応したURLに簡単にアクセス可能とすることを目的に用意されている。次のアドレスから本資料の電子形式を入手し、自身のパソコン上にコピーして活用されることをお勧めする。

https://www.pmaj.or.jp/library/book/agile.html

変更歴管理・バージョン管理ツール

1. SCCS: https://ja.wikipedia.org/wiki/Source_Code_Control_System
2. RCS : http://www.gnu.org/software/rcs/
3. CVS : http://www.javaroad.jp/opensource/js_cvs1.htm
4. Subversion : http://subversion.apache.org/
5. Git: https ://git-scm.com/
6. GitHub : https://github.com

7. GitHub Issues : https://guides.github.com/features/issues
8. GitHub Flow : https://gist.github.com/Gab-km/3705015
9. Sourcetree : https://www.sourcetreeapp.com
10. Gerrit : https://www.gerritcodereview.com
11. Mercurial: https://www.mercurial-scm.org/

ビルドツール

12. Make: https://ja.wikipedia.org/wiki/Make
13. ANT: http://ant.apache.org/
14. Maven : https://maven.apache.org
15. Gradle : https://gradle.org/
16. Rake : https://github.com/ruby/rake
17. Buildr : https://buildr.apache.org/
18. Apache Ivy : https://ant.apache.org/ivy

CIツール

19. CruiseControl : http://cruisecontrol.sourceforge.net/dashboard.html
20. AnthillPro : https://www.ibm.com/support/docview.wss?uid=swg27041307
21. Jenkins : https://jenkins.io
22. Rational BuildForge : https://jazz.net/products/rational-build-forge/
23. Team Foundation Server : https://ja.wikipedia.org/wiki/Team_Foundation_Server
24. CircleCI : https://circleci.com/

25*. Travis CI : https://travis-ci.org/

26*. BuildHive : https://github.com/buildhive

コード分析・評価ツール

27. Checkstyle : http://checkstyle.sourceforge.net/
28. PMD : https://pmd.github.io
29. FindBugs : http://findbugs.sourceforge.net/

30. Jtest : https://www.techmatrix.co.jp/product/jtest/index.html
31. DevPartner : https://www.microfocus.co.jp/products/devpartner/
32. PMD-CPD : http://pmd.sourceforge.net/pmd-4.3.0/cpd.html
33. Simian : www.harukizaemon.com/simian/index.html
34. JDepend : https://github.com/clarkware/jdepend
35. NDepend : https://www.ndepend.com/Features
36. CAP : https://sourceforge.net/projects/cap4e
37. Understand : https://www.techmatrix.co.jp/product/understand
38. JavaNCSS : https://github.com/codehaus/javancss
39. Eclipse Metrics Plugin(Frank Sauer) : https://sourceforge.net/projects/metrics/
40. Eclipse Metrics Plugin(Team in a Box) : http://osdn.jp/projects/sfnet_eclipse-metrics/
41. CCMetrics : https://github.com/sqrlab/ccmetrics
42. Covertura : http://cobertura.github.io/cobertura

43*. Eclips djUnit : http://www.atmarkit.co.jp/ait/articles/0607/29/news016_4.html

44*. EclEmma : https://www.eclemma.org/

単体テスト支援ツール

45. JUnit : https://junit.org/junit4

46*. Mockito : http://site.mockito.org

47. EasyMock : http://easymock.org

48*. jMock : http://jmock.org

49. DbUnit : http://dbunit.sourceforge.net
50. HttpUnit : http://httpunit.sourceforge.net

機能テスト支援ツール

51. TestNG : http://testng.org
52. Eclipse TPTP : http://projects.eclipse.org/projects/tptp.platform
53. Fit : https://www.ibm.com/developerworks/jp/java/library/j-cq02286
54. FitNesse : http://fitnesse.org/

GUIテスト支援ツール

55. Jameleon : http://jameleon.sourceforge.net
56. QTP : https://en.wikipedia.org/wiki/HP_QuickTest_Professional
57. Worklight : http://www.ibm.com/developerworks/jp/websphere/downloads/worklight/
58. Selenium(WebDriver) : https://www.seleniumhq.org/
59. Selenide : http://selenide.org
60. Geb : http://www.gebish.org/
61. FluentLenium : https://fluentlenium.com/
62. Capybara : http://teamcapybara.github.io/capybara/
63. Webrat : https://github.com/brynary/webrat
64. Appium : http://appium.io
65. Groovy: www.groovy-lang.org
66. Spock : http://spockframework.org/

67*. AssertJ : https://qiita.com/ikemo/items/165f01740995245f9009

BDDテスト支援ツール

68. RSpec : https://github.com/rspec/rspec
69. Cucumber : https://cucumber.io
70. JBehave : http://jbehave.org

71*. Concordion : http://concordion.org

性能テスト支援ツール

72. JMeter : https://jmeter.apache.org
73. LoadRunner : https://en.wikipedia.org/wiki/HP_Load Runner
74. AppLoader : https://sourceforge.net/projects/apploader
75. Aqtime : https://en.wikipedia.org/wiki/AQtime
76. Rational Performance Tester : https://en.wikipedia.org/wiki/Rational_Performance_Tester
77. SOAtest : https://www.parasoft.com/products/soatest
78. testMaker : https://sourceforge.net/projects/testmaker

セキュリティテスト支援ツール

79. Gauntlt : http://gauntlt.org/
80. Arachni : www.arachni-scanner.com
81. OWASP ZAP : https://github.com/zaproxy/zaproxy
82. OWASP Dependency-Check : https://jeremylong.github.io/DependencyCheck
83. Sonatype Nexus Lifecycle : https://www.sonatype.com/nexus-lifecycle
84. Rational AppScan : https://www.ibm.com/security/application-security/appscan
85. MSRC(Microsoft Security Response Center) : https://technet.microsoft.com/ja-jp/security/cc184924.aspx
86. ClicTale : https://www.clicktale.com
87. Google Analytics : https://www.google.com/intl/ja/analytics

サーバテスト支援ツール

88. Serverspec : http://serverspec.org/

システム構成管理コードテスト支援ツール

89. Foodcritic : www.foodcritic.io
90. Test Kitchen (Chef情報) : http://kitchen.ci/
91. puppet-lint (puppet情報) : http://puppet-lint.com

92. kirby (Ansible情報のチェック)：https://github.com/ks888/kirby
93. ansible_spec : https://github.com/volanja/ansible_spec

システムプロビジョニング支援ツール

94. Vagrant : https://www.vagrantup.com

VM (バーチャルマシン)

95. VMware ESXi : https://www.vmware.com/products/esxi
96. Citrix XenServer : https://www.citrix.co.jp/
97. VirtualBox : https://www.virtualbox.org
98. Microsoft Windows Server Hyper-V : https://technet.microsoft.com/ja-jp/library/mt169373(v=ws.11).aspx

コンテナ型仮想化ツール

99. Docker : https://www.docker.com
100. Kubernetes : https://github.com/kubernetes/kubernetes

パブリッククラウド

101. AWS : https://aws.amazon.com/jp
102. GoogleAppEngine/Apps : https://cloud.google.com/appengine/?hl=ja
103. SalesforcePlatform : https://www.salesforce.com/jp/products/platform/services/
104. MicrosoftAzure : https://azure.microsoft.com/ja-jp
105. SAP HANA : https://ja.wikipedia.org/wiki/SAP_HANA
106. IBM SoftLayer : https://www.ibm.com/cloud-computing/jp/ja/ibm-cloud_iaas
107. OpenStack : https://www.openstack.org/
108. CloudStack : https://cloudstack.apache.org/

システム構成管理ツール

109. CFEngine : https://cfengine.com/
110. Puppet : https://puppet.com
111. Chef : https://www.chef.io/chef
112. Ansible : https://www.ansible.com/

暗号化ツール

113. Gpg4win(Gpg:GNU Privacy Guard) : http://gpg4win.org

運用データの収集・保存・分析ツール

114. Lucene: https://lucene.apache.org
115. Solr: https://lucene.apache.org/solr
116. Elasticsearch: https://www.elastic.co/jp/products/elasticsearch
117. Logstash : https://www.elastic.co/products/logstash
118. Kibana : https://www.elastic.co/products/kibana
119. Fluentd : https://www.fluentd.org

ITリソース使用状況監視・分析ツール

120. HP OpenView : www.itmedia.co.jp/enterprise/articles/1605/18/news006.html
121. Nagios : http://www.nagios.org/
122. Zabbix : https://www.zabbix.com/
123. Pandora FMS : https://pandorafms.com
124. Munin : http://munin-monitoring.org
125. Cacti : https://www.cacti.net/
126. StatsD : https://github.com/etsy/statsd
127. Graphite : https://graphite.readthedocs.io
128. MRTG : http://www.mrtg.jp/doc/

チャット運用・ロボット運用ツール

129. IRC : https://ja.wikipedia.org/wiki/Internet_Relay_Chat
130. ChatWork : https://go.chatwork.com/ja
131. Slack : https://slack.com/
132. Hubot : https://hubot.github.com/

メッセージ音声の合成ツール

133. OpenJtalk : https://server-setting.info/centos/open-jtalk-install.html
134. SofTalk : https://www35.atwiki.jp/softalk
135. VoiceTex t: http://voicetext.jp

作業進捗管理ツール

136. Bugzilla : https://ja.wikipedia.org/wiki/Bugzilla
137. Trac : https://trac.edgewall.org
138. Mantis : www.itmedia.co.jp/enterprise/articles/0812/03/news013.html
139. JIRA : https://ja.atlassian.com/software/jira
140. Redmine : www.redmine.org

参考文献

[1] 公益財団法人日本生産性本部：労働生産性の国際比較 2017年版.
https://www.jpc-net.jp/intl_comparison/intl_comparison_2017.pdf

[2] 内藤耕, 赤松幹之：『サービス産業進化論』, 生産性出版, 2009.

[3] 木下栄蔵（編）：『サービスサイエンスの理論と実践』, 近代科学社.

[4] 経済産業省商務情報政策局：サービス産業の高付加価値化・生産性向上について, 2014.
https://www.meti.go.jp/committee/kenkyukai/shoujo/service_koufukakachi/pdf/001_04_00.pdf

[5] 片岡雅憲, 小原由紀夫, 光藤昭男：『アジャイル開発への道案内』, 近代科学社, 2017.

[6] Mason, M.：Pragmatic Version Control Using Subversion 2nd Edition, 2006.
でびあんぐる（監訳）：『Subversion実践入門：達人プログラマに学ぶバージョン管理　第2版』, オーム社, 2011.

[7] C. Michael Pilato, Ben Collins-Sussman, Brian W. Fitzpatrick :*Version Control with Subversion* , Second Edition , O'Reilly, 2009.
『実用Subversion 第2版』, 宮本久仁男(監訳), 朝枝雅子, 浜本階生(訳), オライリー・ジャパン, 2009.

[8] Jon Loeliger : *Version Control with Git,* O'Reilly, 2009.
『実用Git』, 吉藤英明（監訳）, 本間雅洋, 渡邊健太郎, 浜本階生（訳）, オライリー・ジャパン, 2010.

[9] 濱野 純：『入門Git』, 秀和システム, 2009.

[10] Travis Swicegood : *Pragmatic Version Control Using Git* , 2008.
『入門git』, でびあんぐる（監訳）, オーム社, 2009.

[11] 大塚弘記：『GitHub実践入門』, 技術評論社, 2014.

[12] 『開発ツール徹底攻略』, 技術評論社, 2013.

[13] Vincent Driessen : A successful Git branching model, 2010.
http://nvie.com/posts/a-successful-git-branching-model/

[14] 岡本隆史：これでGitも怖くない！ GUIでのバージョン管理が無料でできるSourceTreeの7つの特徴とは, @IT, 2013.
http://www.atmarkit.co.jp/ait/articles/1310/15/news019.html

[15] 鈴木 圭：2. Maven入門, TECHSCORE, 2006.
http://www.techscore.com/tech/Java/ApacheJakarta/Maven/2

[16] Hans Dockter, Adam Murdoch : Gradle User Guide, ©2007-2012. Hayashi Masatoshi,Sekiya Kazuchika, Sue Nobuhiro, Mochida Shinya（訳）.
http://gradle.monochromeroad.com/docs/userguide/userguide.html

[17] 鈴木雅貴：ビルドツールGradleスタートアップガイドの紹介「Grails/Groovy工房vol.2」, 情報畑でつかまえて, 2013年. https://www.ntt-tx.co.jp/column/tec/java_03/

[18] 綿引琢磨, 須江信洋, 林政利, 今井勝信：『Gradle徹底入門：次世代ビルドツールによる自動化基盤の構築』, 翔泳社, 2014.

[19] P. M. Duvall, S. M. Matyas, A. Glover : *Continuous Integration,* Pearson Education, Inc. ,2007.
『継続的インテグレーション入門』, 大塚庸司、丸山大輔、岡本裕二、亀村圭助（訳）, 日経BP社, 2009.

[20] 川口耕介：Hudson を使ったアジャイルな開発入門（第1回～第5回）, 2008年.
http://gihyo.jp/dev/feature/01/hudson/0001, http://gihyo.jp/dev/feature/01/hudson/0002, http://gihyo.jp/dev/feature/01/hudson/0003, http://gihyo.jp/dev/feature/01/hudson/0004, http://gihyo.jp/dev/feature/01/hudson/0005

[21] 和田貴久, 川村雅人, 米沢弘樹, 山岸 啓：『Jenkins実践入門～ビルド・テスト・デプロイを自動化する技術』, 技術評論社, 2011.

[22] megadreams：継続的インテグレーションのススメ Jenkinsでテスト結果を表示, 2013. http://megadreams14.com/?p=27

[23] Jez Humble, David Farley : *Continuous Delivery: reliable software releases through build, test and deployment automation* , Addison-Wesle , 2010.

[24] Elliotte Harold : Coberturaでテスト対象範囲を調べる , IBM developerWorks , 2005.
https://www.ibm.com/developerworks/jp/java/library/j-cobertura/index.html

[25] L. Crispin, J. Gregory :*Agile Testing: A Practical Guide for Testers and Agile Teams* , Pearson Education, Inc.,2009.
『実践アジャイルテスト：テスターとアジャイルチームのための実践ガイド』榊原 彰 他（訳）, 翔泳社, 2009.

[26] 渡辺修司：『JUnit実践入門―体系的に学ぶユニットテストの技法』, 技術評論社, 2013.

[27] Kent Beck:*Test-Driven Development by Example* , Addison-Wesley Professional, 2002.
『テスト駆動開発』和田卓人（訳）, オーム社, 2018.

[28] Andrew Glover：コード品質を追求する：FITで解決する, 2006.
https://www.ibm.com/developerworks/jp/java/library/j-cq02286/index.html

[29] デジタルエンタメ研究会（仮）：Fitnesseを用いたテストの効率化について, 2011.
https://www.slideshare.net/tecopark/fitnesse

[30] Jonathan Rasmusson :*The Way of the Web Tester* , Pragmatic Bookshelf,2016.
『初めての自動テスト―Webシステムのための自動テスト基礎』, 玉川紘子（訳）, オーム社, 2017.

[31] Satya Avasarala:*Selenium WebDriver Practical Guide* , Packt Publishing,2014.
『実践Selenium WebDriver』, 玉川竜司 (訳), オライリー・ジャパン, 2014.

[32] Dima Kovalenko :*Selenium Design Patterns and Best Practices* , Packt Publishing,2014.
『Seleniumデザインパターン＆ベストプラクティス』, 太田健一郎、玉川紘子 (監訳), 笹井崇司 (訳), オライリー・ジャパン, 2015.

[33] 伊藤望, 戸田広, 沖田邦夫, 宮田淳平, 長谷川淳, 清水直樹, Vishal Banthia :『Selenium実践入門―自動化による継続的なブラウザテスト』, 技術評論社, 2018.

[34] 外山純生：SeleniumのUIテスト自動化をiOS／Androidにもたらす Appiumの基礎知識とインストール方法、基本的な使い方, @IT, 2015. http://www.atmarkit.co.jp/ait/articles/1504/27/news025.html

[35] David Chelimsky :*The RSpec Book: Behavior-Driven Development with RSpec, Cucumber, and Friends,* The Pragmatic Bookshelf,2010.

[36] 諸橋恭介 :『はじめる！ Cucumber』(電子ブック), 達人出版会, 2010.

[37] Mitcell Hashimoto :*Vagrant: Up and Running* , O'Reilly Media,2013.
『実践Vagrant』, 玉川竜司 (訳), オライリー・ジャパン, 2014.

[38] Wikipedia: Hyper-V. https://ja.wikipedia.org/wiki/Hyper-V

[39] 佐藤司, 富永善視, 森元俊雄 :『Dockerコンテナ実践検証』, インプレス, 2015.

[40] 大瀧隆太：いまさら聞けないDocker入門, @IT, 2104. http://www.atmarkit.co.jp/ait/articles/1405/16/news032.html

[41] 森重和春：はやりの「Docker」は、くすぶっているDevOpsを再燃させるか, 日経 xTECH, 2015.
https://tech.nikkeibp.co.jp/it/atcl/watcher/14/334361/120600130/

[42] GitHub-kubernetes/kubernetes
https://github.com/kubernetes/kubernetes

[43] The NIST Definition of Cloud Computing
https://nvlpubs.nist.gov/nistpubs/Legacy/SP/nistspecialpublication800-145.pdf

[44] 特集 クラウドコンピューティング、『情報処理』Vol.50, No.11, 2009.

[45] Jeff Barr :『Amazon Web Servicesガイドブック』, 玉川憲 (監訳)、株式会社クイープ (訳), インプレスジャパン, 2011.

[46] 並河祐貴, 安達輝雄 :『クラウドAmazon EC2/S3のすべて』日経BP社, 2009.

[47] 清水正人 :『Amazon EC2/S3/EBSクラウドコンピューティングによる仮想サーバ構築』, ソシム株式会社, 2009.

[48] 急増するAmazon互換クラウド, 『日経コンピュータ』, 2013年5月30日号, pp.56-65.
http://tech.nikkeibp.co.jp/it/article/Active/20130718/492282/

[49] 矢口竜太郎：[運用を自動化する「Chef」]Rubyベースの手順書で管理, 日経 xTECH, 2013. http://tech.nikkeibp.co.jp/it/article/COLUMN/20130911/504043/

[50] 吉羽龍太郎, 安藤祐介, 伊藤直也, 菅井祐太郎, 並河祐貴：『Chef実践入門―コードによるインフラ構成の自動化』, 技術評論社, 2014.

[51] 北山晋吾：『Ansible実践ガイド』, インプレス, 2017.

[52] 出口雄一：共通鍵暗号方式, 日経 xTECH, 2006. http://tech.nikkeibp.co.jp/it/article/COLUMN/20060601/239679

[53] @hnkyi：「公開鍵暗号方式」と「共通鍵暗号方式」について, 2017. https://qiita.com/hnkyi/items/08b38efb7b14d3f56ad2

[54] Wikipedia：暗号学的ハッシュ関数. https://ja.wikipedia.org/wiki/暗号学的ハッシュ関数

[55] Gene Kim, Jez Humble, Patrick Debois、John Willis :*The DevOps HANDBOOK,* It Revolution Pr ,2016.『The DevOpsハンドブック』, 榊原彰（監修）, 長尾高弘（訳）, 日経BP社, 2017.

[56] 吉羽龍太郎, 新原雅司, 前田章：『サーバ/インフラエンジニア養成読本 DevOps編』, 技術評論社, 2016.

[57] 開発と運用の断絶を考える―DevOpsへの促進を考える重要課題に着目, HPビジネスホワイトペーパー 4AA4-2696JPN、2012年8月作成

[58] 小川明彦, 阪井 誠：『Redmineによるタスクマネジメント実践技法』, 翔泳社, 2011.

[59] 前田 剛：『入門 Redmine 第2版　Linux/Windows対応』, 秀和システム, 2010.

[60] 諏訪良武, 北城恪太郎：『顧客はサービスを買っている』, ダイヤモンド社, 2009.

[61] 狩野モデルと商品企画, 日本科学技術連盟. https://www.juse.or.jp/departmental/point02/08.html

[62] CollabNet VersionOne：『12th Annual State of Agile report』, 2018.
https://explore.versionone.com/state-of-agile/versionone-12th-annual-state-of-agile-report

[63] Sports Analyticsを専門とする新会社「RUN．EDGE」が事業開始
http://pr.fujitsu.com/jp/news/2018/06/12.html

[64] プロ野球映像の視聴スタイルを革新！対戦検索サービスをパ・リーグTVで開始
http://pr.fujitsu.com/jp/news/2015/04/20-1.html

[65] 豊島区本庁舎来庁者アンケート結果報告書
https://www.city.toshima.lg.jp/064/shinchosha/documents/raichosha_anketo.pdf

[66] 豊島区新庁舎：豊島区ホームページ
https://www.city.toshima.lg.jp/064/shinchosha/index.html

[67] 新庁舎 最新レポート『豊島区の未来を見つめて』, 豊島区新庁舎：豊島区ホームページ
https://www.city.toshima.lg.jp/064/kuse/koho/channel/033747.html

[68] 豊島区：住民記録系システム開発業務委託, 2014.

[69] アリスター・コーバーン：『アジャイルソフトウェア開発』、ピアソン・エデュケーション, 2002

[70] 田中 勧, 小室毅司, 田中啓史：WF文化の企業でSoRにアジャイルを導入してみて起きたこと, Agile Japan 2018.
https://www.agilejapan.org/2018/session/b1_1_tepcohd.pdf

[71] デジタル・ガバメント実行計画：政府CIOポータル
https://cio.go.jp/node/2422

[72] マイナポータル
https://myna.go.jp/SCK0101_01_001/SCK0101_01_001_InitDiscsys.form

[73] ぴったりサービス
https://app.oss.myna.go.jp/Application/search

[74] 小野崎義久：過去に類を見ない！中央省庁プロジェクトにおけるアジャイル開発事例, (株) NTTデータ, 2018.
https://www.agilejapan.org/2018/session/c2_NTTdata.pdf

[75] (株) NTTデータ：お客様事例：内閣官房様.
http://www.nttdata.com/jp/ja/case/voice/2018032801.html

[76] Salesforce：お客様事例 内閣官房.
https://www.salesforce.com/jp/customer-success-stories/naikaku-kanbou/

[77] 独立行政法人 情報処理推進機構：『IT人材白書2017』
https://www.ipa.go.jp/files/000059087.pdf

[78] 細川義洋：『紛争事例に学ぶ、ITユーザーの心得【契約・費用・法律編】』翔泳社, 2017.

[79] アジャイルソフトウェア開発宣言
http://agilemanifesto.org/iso/ja/manifesto.html

[80] [80] 一般社団法人 日本ビジネスプロセス・マネジメント協会
https://www.bpm-j.org/bpm/

[81] アジャイルジャパン2015実行委員会：『アジャイルの魂2015 −アジャイル開発者18人の物語−』, 株式会社マナスリンク, 2015.

[82] CI&T (株)
https://www.ciandt.co.jp

[83] (株) オージス総研：“アジャイル開発先進国”ブラジルからのレポート.
https://www.ogis-ri.co.jp/otc/hiroba/Report/AgileBrazil/index.html

[84] (株) ヴァル研究所
https://www.val.co.jp

[85] 富士通（株）：アジャイル開発最前線
https://software.fujitsu.com/jp/middleware/fjidauth/mwcon2018/pdf/b1-1.pdf

[86] Ken Schwaber , Jeff Sutherland : スクラムガイド.
https://scrumguides.org/docs/scrumguide/v2017/2017-Scrum-Guide-Japanese.pdf

[87] NECソリューションイノベータ（株）
https://www.nec-solutioninnovators.co.jp/

[88] Microsoft：Customer Stories, 2017.
https://customers.microsoft.com/en-us/story/necsolutionjapanese

おわりに

前書『アジャイル開発への道案内』の「おわりに」でも述べたチャールズ・R・ダーウィンの言葉を再度引用する。「最も強い者が生き残るのではなく、最も賢い者が生き延びるのでもない。唯一生き残ることができるのは、変化できる者である」。この言葉を実現する開発方法論が、「アジャイル開発」である。これは環境適応型の、IT開発方法論にとどまらずビジネスにも適用可能な「生き残ることができる」方法論である。

本書では、具体的にアジャイル開発をサービスに展開することを提唱した。変化のスピードはとても速く、この本を書いている間にも、次々と今までと異なる新しい動きが起きている。読者の皆様には、ぜひ、感じた違和感や印象に残ったことを、我々著者にフィードバックして欲しい。それは、我々が、次の本に挑戦する糧となるであろう。

本書は、前書と同じ執筆者による。分担は、次のとおりである（五十音順）。

片岡雅憲：第2章～第8章
小原由紀夫：第9章
光藤昭男：第1章

本書の発刊に際しても、以上のメンバーのほかに多くの方々の協力があった。特に、日本プロジェクトマネジメント協会資格研修センター研修部長橋本肇部長には、前書以上の懇切丁寧な調整業務をして頂いた。また、前書の発刊のきっかけを作って頂いた近代科学社の小山フェローには、大変にお世話になりました。お二人に深く感謝いたしたい。

2019年6月
著者一同

索引

著者紹介

片岡 雅憲 “Masanori Kataoka”

東京大学電子工学（修士）卒業、(株)日立製作所にて各種ソフトウェアの開発に従事、また、ソフトウェア生産技術を担当し、各種技法およびツールを開発。日立製作所システム開発研究所所長、日立ネットビジネス(株)取締役社長、日立INSソフトウェア（株）取締役社長を務めた。日立を定年退職後は、個人コンサルタント/コーチ、特にアジャイル開発方式およびそのための自動化ツール群の普及に力を入れている。

小原 由紀夫 “Yukio Kohara”

立教大学卒業、富士通（株）にて、日本のグローバル企業の工場システム構築にベンダーのプロジェクトマネジャーとして参画した。(株）富士通アドバンストエンジニアリングにて人材開発室長を務めた。PMPおよびケイデンスマネジメント社認定講師。グローバルPMメソドロジー、「なぜなぜ5回」、アジャイル開発を実践支援し、富士通アジャイリスト（シニアコンサルタント）として、教育コンサルティングを行っている。

光藤 昭男 “Akio Mitsufuji”

東京工業大学制御工学、MIT（MOT）修了。東洋エンジニアリング（株）にて機械設計のCAD/CAEに従事、ソ連向けプロポーザル業務を経て、国内外プロジェクトのプロジェクトマネジャーとプロジェクトダイレクタを歴任。(株)荏原製作所に移籍、取締役・環境事業、経営事業企画、グループIT統括、子会社社長を経て、特定非営利活動法人日本プロジェクトマネジメント協会理事長に就任後現在に至る。

ITサービスのためのアジャイル

OSSを用いた開発・運用の自動化

2019年7月31日　初版第1刷発行

著　者　片岡雅憲・小原由紀夫・光藤昭男
編　者　日本プロジェクトマネジメント協会
発行者　井芹昌信
発行所　株式会社近代科学社
〒162-0843　東京都新宿区市谷田町2-7-15
電話　03-3260-6161　振替 00160-5-7625
https://www.kindaikagaku.co.jp

三美印刷　　ISBN978-4-7649-0590-0
定価はカバーに表示してあります.